조홍제 효성그룹 회장, 기록

여보게 조금 늦으면 어떤가

부자 氣 받기 시리즈 3

조홍제 효성그룹 회장, 기록
여보게 조금 늦으면 어떤가

2023년 2월 15일 초판인쇄
2023년 2월 20일 초판발행

저 자 : 이래호
펴낸이 : 신동설
펴낸곳 : 도서출판 청미디어

신고번호 : 제2020-000017호
신고연월일 : 2001년 8월 1일
주소 : 경기 하남시 조정대로 150, 508호 (덕풍동, 아이테코)
전화 : (031)792-6404, 6605
팩스 : (031)790-0775
E-mail : sds1557@hanmail.net

편 집 : 고명석
디자인 : 정인숙
표 지 : 여혜영
교 정 : 계영애
지 원 : 박흥배
마케팅 : 박경인

정가 : 15,000원
ISBN : 979-11-87861-61-4 (03330)

부자 氣 받기 시리즈 03

조홍제 효성그룹 회장, 기록

여보게 조금 늦으면 어떤가

이 래 호 지음

정신이 살아있는

청미디어
CHEONG MEDIA

기록과 흔적

부끄럽다, 정말 부끄럽다.
전문 지식도 없으면서
위대한 창업주에 대해
기록을 정리하는 것이….

두렵다, 정말 두렵다.
좁고, 깊이 없는 내용으로
위대한 기업인에 대해
기록을 남긴다는 것이….

사료(史料)로 인식되지 않을지라도
더 늦기 전에 기록으로 남겨놓고 싶었다.
언젠가, 누군가 반드시 해야 할 일이라 생각하기 때문이다.

훗날, 세 분의 창업주에 대한 기록이 필요할 때
필자의 기록이 참고자료라도 되었으면 좋겠다.
필자의 기록이 일부라도 인용이 되었으면 좋겠다.
그날을 위해 기록을 정리하여 남긴다.

이병철, 구인회, 조홍제 창업주 모두 경남 출신이다.
세 분 모두 첫 사업을 경남에서 시작하였다.
이런 관계로 인해
창원(마산), 진주, 함안, 의령에는 창업주 세 분의 흔적이 남아 있다.
이병철의 마산 협동정미소 터와 일출자동차 사업장, 진주 지수면 매형댁,
구인회의 진주 구인상회 터와 진주 수정동, 상봉동 고택,
조홍제의 함안 군북산업 터와 마산 육일공작소 터가 대표적이다.

기록과 흔적에 대해 자료의 공식적인 증명이 필요하다.
창업주 세 분의 '경남지행(慶南之行)'은
반드시 기억을 기록으로, 흔적을 유산으로 남겨야 한다.
더 늦기전에 누군가 반드시 해야 할 일이다.

2023년 2월
容河之室에서 이 래 호

추천서문

이래호(李來鎬) 박사 저
이병철 삼성(三星)그룹 창업주, 기록
구인회 LG그룹 창업주, 기록
조홍제 효성(曉星)그룹 창업주, 기록

내가 이래호(李來鎬) 박사를 처음 만난 것은, 2017년 2월 대학에서 정년퇴직한 직후 동방한학연구원(東方漢學硏究院)에서였다. 중국문화기행을 기획하고 있는데, 전공자 교수로 참여해서 중국문화를 깊이 있게 이해하는 데 도움이 되어 달라는 것이 이박사의 요청이었다.

나도 중국문화에 관심이 많아 중국을 자주 다니던 터라 이박사의 제안을 흔쾌히 받아들여 실행에 옮기게 되었다. 그 이전에 그는 중국에 관한 모든 것을 취급하는 '차이나로 컨벤션'이라는 법인을 만들어, 한국과 중국 사이에 필요한 일을 할 준비를 해 두었다.

30, 40명을 한 팀으로 만들어 10여 차 중국 각지의 고적을 동행탐사하면서 이박사를 자주 접하였다. 이박사를 가까이서 자주 접하면서 그를 깊이 알게 되었고, 점점 대단한 사람이라는 인식을 갖게 되었다.

그는 지극히 근면성실하고 책임감이 강하고, 이해관계에 흔들리지 않는 사람이라는 것을 직접 목도하였다.

그는 젊은 시절 국내 30대 경제 규모의 거평그룹에 입사하여 회장 비서실 과장 등을 거쳐 중국 지사장 및 현지투자 법인장으로 8년 동안 중국에 체류하였다. 그 동안 개혁개방으로 고속성장하는 중국경제의 현장을 직접 체험하였다. 이후 미국, 일본에 체류하며 동서 세계에 대한 시야를 넓혔다.

그 뒤 국내로 돌아와 한양대학교 국제학대학원 박사과정에 들어가 정식으로 중국관계를 연구하여 국제학 박사학위를 받았다. 중국을 중심으로 한 국제관계의 전문가의 길로 들어섰다. 그 이후 인제대학교 중국학부, 창원대학교(昌原大學校)의 산학협력교수로 임명되어, 중국관계의 학문적인 전문지식을 후학들에게 전수하였다.

그 뒤 다시 경상남도 산하의 경남개발공사 관광사업본부장에 발탁되어 경남의 관광사업의 장기적인 기본설계를 하였다.

뜻한 바 있어 사직한 후에는 중국전문업체인 차이나로 컨벤션 회사를 만들어 중국과 한국의 가교역할을 전문적으로 할 준비를 했다.

경남에는 사실 관광사업을 할 만한 자원은 많은데, 아직 기본적인 청사진도 마련되지 못해 늘 답보상태에 있다. 이런 이유는 그 방면에 대한 전문적인 연구가 없기 때문이다.

이에 이박사는 기초부터 다시 시작해야 하겠다는 생각으로 경남의 문화, 관광 자원에 대한 기초연구를 철저히 하기 시작했다. 인문학 관광 자원으로 가치가 있는 경남 출신이면서 경남에서 기업을 태동하여 오늘날 세계적인 기업이 된 삼성(三星), 금성(金星 : 오늘날의 LG), 효성(曉星) 창업주에 대한 연구에서부터 출발하였다.

이박사는 타고난 탐구심과 분석력, 문장력을 가졌다. 그는 철저하게 현장조사하여 자료를 발굴하고, 철저하게 고증 분석하여, 사실을 하나 하나 밝혀나갔다. 조그마한 의문 하나를 해결하기 위하여 수십 차례의 답사나 면담도 마다하지 않았다. 이렇게 모은 자료를 바탕으로 자연스러우면서 이해가 잘 되는 문장으로 서술해 나갔다.

먼저 경남신문에 연재하였는데 많은 사람들의 호응을 크게 얻었다. 글을 읽어 본 사람들 대다수가. "이런 귀한 자료를 일회성으로 신문에 연재만 하지 말고, 책으로 엮어 내어 영구히 전하도록 해야 됩니다." 라고 출판을 권유하여 마침내 출판을 하게 되었다.

책 내용은, 이 세 분 창업주에 대해서 소문으로만 듣던 이야기를 현장에서 직접 발굴하고 많은 사람들의 증언을 보태어 정확한 역사 사실로서 완성하여 남긴 것이다. 그리고 내용이 흥미진진하고, 변화를 추구하며 써서 읽어 보면, 지루하지 않다. 단숨에 읽으면서 많은 지식이 기억이 잘 되게 되어 있어, 많은 사람들에게 크게 도움을 줄 것이다.

특히 자기 사업을 해 보겠다는 뜻을 가진 젊은이들에게 창업하여 성공하는 비결을 제시하고 있다고 확신한다. 무미건조한 경영관계 교과서보다 몇 배 더 효과가 있을 것이다.

필자는 경제학 전문가는 아니지만, 경제에 관심이 비교적 많다. 경제(經濟)나 경영(經營)이라는 말이 원래 유교경전(儒敎經典)에서 나왔다. 또 세 분의 창업주는 모두 유학자 집안의 자제들이다. 지금 우리나라에서는 일본 사람들의 왜곡된 교육으로 "유학이 나라를 망쳤다."고 생각하는 사람이 많다. 그러나 유학을 바르게 알고 잘 활용하면, 경제를 일으킬 수 있고, 더 나아가 나라를 일으킬 수도 있다.

퇴계(退溪) 이황(李滉) 선생의 선비정신이나 남명(南冥) 조식(曺植) 선생의 경의(敬義) 사상도 경제에 그대로 적용할 수 있다. 솔선수범하고 남을 배려하고 국가 민족을 생각하는 선비정신을 가지면, 경제계에서도 성공할 수 있다. 경(敬)으로 자신의 마음을 바로잡고, 의(義)로써 처신을 바르게 하면, 어떤 사업도 성공할 수 있다. 사악(邪惡)한 방법으로 일확천금(一攫千金)을 노리는 사람은 오래지 않아 실패한다. LG에서 회사의 경영원칙으로 삼은 정도경영(正道經營)도 유교의 원리에서 나왔다. 무슨 일이든지 정도(正道)로 하면 중간에 어려움을 겪을지라도 결과적으로 성공하고 승리한다.

이병철, 구인회, 조홍제 세 분 창업주의 유학에 바탕을 둔 경영방식은, 기업계에 좋은 기풍을 조성할 것으로 확신한다. 이 책을 통해서 이 세 분의 유학에 바탕을 둔 경영방식을 여러분들은 잘 배우기 바란다.

인쇄가 거의 다 되어갈 무렵에 이박사가 나에게 서문에 부탁해 왔다. 그간의 정의로 볼 때, 사양하기 어려웠다. 더구나 이박사는 필자의 동방한학연구원의 간사로서 많은 일을 맡아 나를 도우고 있는 상황이다. 나의 서문이 별 도움 될 것이 없겠지만, 이 세 분 창업주를 이해하고, 저자 이래호(李來鎬) 박사를 이해하는 데 도움이 될까 해서 몇 줄의 글을 써서 요청에 부응한다.

2023년 계묘년 정초(正初)에,
문학박사 동방한학연구원장 허권수(許捲洙) 경서(敬序).

내명자경 외단자의 : 남명(南冥) 조식(曺植) 선생의 글

글씨 : 실재 허권수 교수

뜻 : 경(敬)으로 자신의 마음을 바로잡고, 의(義)로써 처신을 바르게 하면 어떠한
　　 어려움도 극복하고 성공 할 수 있다

contents

2부 ··· 기억을 기록으로

부 록

- 호칭 : 이병철 = 이병철 사장 = 이병철 회장
- 학교명 : 00공립보통학교 = 00보통학교 = 00초등학교
         00고등보통학교 = 00고보 = 00고등학교
- 외국 인명, 지명, 학교명 : 원음과 한국명 표기로 혼용하였다.
- 실명의 경우 문맥상 존칭을 생략하거나 당시의 직책을 사용하였다.
- 전 직책과 현 직책의 직함을 문장 속에 적절하게 혼용하였다
- 토지, 쌀, 석, 섬, 원, 환 등 각종 단위는 당시의 것과 현재 사용하는 단위로 적절하게 혼용하였다.

1

여보게 조금 늦이면 어떤가?

Why don't you be a little late, dear?

1 _ 조홍제의 고향 함안이야기

오로지 부지런하면 먹게 될 것이요, 오로지 아껴 쓰면 지키게 되리라.

관광지를 소개할 때 특정 장소를 추천하는 것은 무척 어렵다. 개인의 취향에 따라 다르기 때문이다. 맛집 추천도 역시 쉽지 않다. '한 가지 요리에도 백 명의 선생이 있고 백 개의 다른 입'이 있다고 하지 않는가. 조홍제 효성그룹 창업주의 고향 함안이야기는 우리에게 잘 알려지지 않았던 곳, 그 가치가 숨겨져 있던 곳을 소개하는 것에 초점을 두었다.

함안군을 소개하려면 약간의 풍수지리 이야기도 곁들여야 한다. 함안은 동남이 높고 서북이 낮아 물이 남에서 북으로 흐른다. 이것을 역류(逆流)라 한다. 역(逆)이라 하면 반항의 뜻인데, 함안 역사와 인물학에서 살펴보면 근거가 없는 것 같다.

함안군의 지형이 남고북저라 명당의 기본 조건인 배산임수를 살짝 비켜선 자리에 삶의 터전을 만들었다. 그래서 선조는 지명을 빌려 명당 터를 만들었는데 지형이 높은 남쪽에 배가 다니는 여항산(餘航山)

을 만들어 주었다. 물이 있으니 산도 필요하여 지형이 낮은 여항의 반대편 북쪽에 지세를 높이고자 산을 대신하여 대산(代山)을 만들었다. 완벽한 배산임수의 명당터가 되었다. 더 나아가 여항산을 중심으로 좌우에 무학산과 방어산이 병풍처럼 가림막을 해 주고 있었으니 일찍부터 아라가야의 도읍지로도 부족함이 없었다. 함안(咸安)의 咸은 두루 미치다, 널리 미치다의 뜻이고 安은 편안함을 뜻하니 지명 이름에도 함안의 기운은 예사로운 곳이 아니라는 생각이 든다.

1) 대한민국 고대 도읍지 함안

함안은 말이산 고분군 외에 무진정과 낙화놀이, 서산서원, 고려동, 남강을 연결한 둑방과 악양루, 입곡저수지, 연꽃단지 등 관광지와 문화유산이 다양하다. 하지만 이곳은 널리 알려진 곳이라 인터넷에 상세한 내용이 있어 필자의 설명은 생략하였다.

요즘 함안이 무척이나 바쁘다. 경남도 좁고 대한민국도 좁아 전 세계에 이름을 알리기 위하여 준비를 하고 있다. 함안 말이산 고분군을 포함한 김해 대성동 고분군, 고성 송학동 고분군, 창녕 교동과 송현동 고분군 등 7곳이 유네스코 세계문화유산 등재를 앞두고 있다. 원래는 2022년 7월 결정될 예정이었으나 주최국인 러시아가 회의 개최를 하지 않아 아직도 등재 승인이 나지 않은 상태이다.

등재만 되면 함안은 세계적인 문화를 가진 도시가 되어 국내 관광객은 물론 전 세계인의 관광지로 명성을 날릴 것이다. 아라가야 도읍지 함안은 경주, 부여, 논산, 공주, 김해, 서울 등과 함께 대한민국 5대 도읍지로도 부족함이 없는 문화·역사 스토리가 풍부한 도시가 될 것이다.

2) 함안군 먹거리 국밥과 수박

함안 가서 뭘 먹을까 고민할 필요는 없다. 전국적으로 알려진 함안 지명이 붙여진 '함안 소고기국밥'이 있다. 함안은 경상도 교통의 중심지로 큰 장이 섰다. 구경거리가 없던 옛날에는 장날 구경이 소소한 기쁨이었고 5일마다 장날이 서면 일부러라도 장터에 나가 다른 마을 지인의 소식도 듣고 안부도 묻고 하던 만남의 장소이다. 아울러 얼큰한 국밥 한 그릇과 막걸리 한잔으로 세상살이 대화를 나누는 게 장날 외출의 백미였다.

함안 소고기국밥은 여항산의 신선한 공기를 마시고 자란 소고기와 무, 콩나물, 파를 넣고 끓이는 경상도식 소고기국밥의 대표이다. 한국관광공사가 선정한 전국 맛집 30곳에도 지정된 함안 역 인근에 형성된 소고기 국밥촌을 추천하고 싶다. 국밥이 가지는 특유의 얼큰함과 고소함이 있고 약간의 기름기가 있는 국물로 인해 음식의 목넘김이 아주 부드럽게 넘어간다. 느낌이 아니라 사실로 그만큼 소고깃국을 잘 끓였다. 여기에 여항산 청정 지역 쌀로 만든 밥 한 알 한 알에 국물이 잘 스며들어 심심한 맛까지 오묘한 조화를 이룬다.

중국에 마파두부 요리가 있다. 마파두부의 요리 속에는 애련한 사연이 있다. 고단한 노동을 끝내고 비싼 고기를 먹을 수 없어 영양이 풍부한 두부로 만든 요리이다. 함안의 쇠전(우시장) 국밥에도 애련한 사연이 있다. 배달 문화가 없었던 옛날에 고생하는 며느리에게 소고기 국밥 한 그릇을 챙겨주기 위해 두 손으로 그릇을 들고 10리길

지역 이름이 붙여져 전국적으로 유명한 함안 소고기국밥. 〈함안군청〉

을 걸어간 시아버지 사랑 이야기
가 있다.

　서민의 애환이 있는 마파두부
와 눈물겨운 사랑이 있는 소고기
국밥도 늘 우리곁에서 온기를 주
는 음식인 것은 분명하다.

지리적 표시제로 인정받는 함안 수박. 〈함안군청〉

　10리길 밖 이웃 마을 의령한우국밥도 대한민국 국밥은 내가 최고야
하는데 함안과 의령이 맛 대결을 하여 '대한민국 최고의 소고기국밥'
명성을 겨뤄 보는 행사도 좋은 볼거리가 될 것 같다.

　함안에는 대한민국 지리적 표시제를 받아 지역명이 붙여진 '함안 수
박'이 있다. 함안 수박은 몽골 수도 울란바토르에 가도 먹을 수 있다.
함안 수박의 세계화 추진 결과 척박한 몽골 땅에서 재배하는 데 성공
하여 함안 수박의 명성을 드높였다. 생애 처음으로 수박을 먹어 본 몽
골의 지인은 수박 속의 과즙을 생명의 물, 장수의 물로 비유하였다.

3) 함안군의 숨은 명당, 여항 봉성저수지 만보길

　함안 출신 조홍제 효성그룹 창업주의 흔적을 찾으러 이곳저곳 다니
다 숨어있는 보물을 찾았다. 여항산 줄기 아래 봉성저수지가 있는 여
항면 주서리 마을이다. 저수지 주변에 형성된 집들의 풍경이 대한민
국 여느 곳과 비교할 수 없을 정도로 아름답다. 여항산 봉우리는 붓을
거꾸로 세워 놓은 듯하여 '필봉'이라고도 부른다. 붓 끝에 주서리 마을
과 봉성저수지가 있으니 글 쓰는 사람과 풍수가 맞는 지역인가 보다.

　소설 '대지'를 발표하여 1938년 노벨 문학상을 받은 작가 '펄 벅'이 글
을 쓴 곳이 중국 '려산'에 있는 별장이다. 필자가 처음 본 순간 느낌이

창원의 허파라고 불리는 여항산에는 노벨 문학상을 받은 대지의 작가 '펄 벅'의 중국 려산 별장을 닮은 곳이 있다. 〈이래호〉

었다. 펄 벅의 별장 풍경과 이곳 주서리 마을 풍경이 오묘하게 닮은 곳이 있다. 봉성저수지를 걸으면서 사색에 잠기고 여항산을 보면서 글을 쓰다 보면 한국에도 노벨 문학상을 받을 만한 작품이 나오지 않을까?

미래의 노벨 문학상을 받을 대한민국의 작가들이 찾아와 창작 활동을 할 수 있도록 함안군이 지금부터 설계를 잘하면 멋진 작가촌이 될 것 같다. EBS 방송국의 '한국기행 가을 뜨락에서'라는 기획방송에 2022년 11월 24일 '두이씨의 화양연화' 제목으로 주서리의 아름다운 별장이 소개되기도 하였다. 드론으로 촬영하여 위에서 내려다본 주서리 별장촌 풍경은 다랭이 논과 어울려 그야말로 천상천하의 절경이라면 너무 과한 표현일까?

여항산 물줄기가 내려오는 곳은 조선시대부터 경치가 아름다워 '별천'이라고 하였다. 물이 비단처럼 흐르는 '금계동'도 있다. 두 곳 모두 유별나게 아름답고 풍경이 좋아서 붙여진 이름이다. 여항산 별천 계곡의 산과 물이 맑으니 공기에서도 자연 향기가 난다. 여항산을 '창원

시민의 허파'라는 표현이 그냥 한 말이 아닌 것 같다. 허가만 난다면 여항산 공기를 캔에 담아 팔고 싶을 정도로 공기가 맛있다.

여항 봉성저수지 둘레길은 만보가 된다고 '만보길', 만병이 없어지고 만 가지 복을 받는다고 '만복길'이라고 한다. 만보 둘레길을 한 바퀴 돌면 수명이 하루씩 늘어난다고 하니 수백 번이라도 돌고 싶다. 우리 몸은 많이 걸을수록 건강에 좋다고 하니 기(氣)가 찬 해석이다. 여항면 마을에서 창원 내서읍까지 터널이 개설되면 이 구간은 10분 거리도 되지 않는다. 창원 주변에 이만한 산책로가 있을까. 도시 생활에 잠시라도 벗어나고 싶은 창원 시민들에게 참 좋은 선물이 될 것 같다.

주민단체나 행정기관에서 관심을 가져 주었으면 하는 것이 있다.

봉성저수지 둑방 둘레길에는 황톳길, 모래길, 자갈길, 흙길로 4가지 길을 구분하여 가칭 '사색의 길'로 만들면 좋겠다. 혹은 천자문을 새긴 박석(薄石)을 놓아 방문객들에게 다양하게 체험할 것도 설치하면 좋을 것 같다. 만보길 둘레에 노벨 문학상을 소개하는 길잡이 안내판을 설치해도 볼거리로 충분할 것 같다.

큰 예산이 필요하지 않으니 여항면이나 마을 주민자치위원회에서 마을 공동 사업으로 진행해 보길 권하고 싶다. 다랭이논은 여항산 아래에도 있다. 경사가 완만하여 확 드러나지는 않지만 자세히 보면 마

함안군의 상징 여항산과 봉성 저수지, 풍경이 그림 같다. 〈함안군청〉

함안에도 다랭이논이 있다. 〈함안군청〉

치 3D로 보는 것처럼 제법 운치가 있다. 드론으로 촬영한 주서리 마을 별장촌과 다랑이논 풍경은 한 폭의 동양화이다. 이런 자연풍경이 더 많이 알려져 '대한민국 문화와 관광, 함안처럼'이 되었으면 하는 기대를 가져 본다.

4) 함안과 중국

함안에는 중국도 있다. '백이숙제' 고사성어의 뜻을 그대로 간직한 '백이산'도 있고 '숙제봉'도 있다. 중국 3대 누각의 하나인 '악양루'와 이름이 같은 '함안 악양루'도 있다. 끝으로 '함안'하면 잊을 수 없는 것이 있다. 리듬을 붙여 읽어보면 더 새로운 맛이 있다.

> 낙동강 강바람이 치마폭을 스치면
> 군인 간 오라버니 소식이 오네
> 큰 애기 사공이면 누가 뭐라나
> 늙으신 부모님을 내가 모시고
> 에 헤야 데 헤야 노를 저어라
> 삿대를 저어라

함안에 가면 군에 간 오라버니(?)가 많다. 창원에 있던 군부대 향토사단이 함안으로 옮겨 갔기 때문이다. 이곳에서 군대 생활을 한 청년들은 아무리 긴 세월이 흘러도 함안을 잊지 못할 것이다. 필자는 함안 악양루 부근에 세워진 처녀 뱃사공 노래비를 보고 이곳은 남강변인데 왜, 낙동강 강바람이 ~, 하고 부르는지 아직도 궁금증에 대한 답을 얻지 못하고 있다.

2__과거와 현재의 함안 사람들

사전 준비를 철저하게 하고 용기 있게
일을 추진하는 자에게만 행운은 돌아오게 된다.

　과거는 물론 현재도 한국의 자랑스러운 인물에 함안 출신이 많이 있다. 과거와 현재를 통틀어 여섯 분을 소개하려는데 모두 필자의 기준이다. 고려시대, 조선시대, 일제강점기 시기의 인물과 현존하는 인물을 선정하였다.

1) 첫 번째 불사이군 '이오'

　불사이군(不事二君)이란 두 임금을 섬기지 않는다는 절개, 지조, 선비의 꿋꿋함을 뜻한다. 함안에는 아직도 고려시대 후손들이 600년을 이어오면서 거주하고 있는 '고려동' 마을이 있다. 이곳은 고려 말 성균관 진사 '이오'가 1392년 조선이 건국되자 고려인으로 충절을 지키고자 벼슬을 버리고 함안으로 낙향한 후 후손들이 대대로 살아온 곳이다.

　함안에 정착한 이오는 고려인 거주지를 뜻하는 고려동학을 세우고 논과 밭을 일궈 자급자족을 하였다. '고려동'이라는 이름으로 지금까지 19대째 이어져 오고 있으니 우리나라에서 아주 귀한 마을이다. 이오는 후손에게 조선 왕조에서 벼슬을 하지 말도록 하였다. 세월이 흘러 일부 후손 중 이명현은 황해도 관찰사, 이상은 승문원 교리를 지냈다. 진주, 하동 등지에 거주하는 재령 이씨는 모두 이오의 후손으로 함안에서 분파된 가문이다.

마을에는 고려동학비, 고려동담장, 고려종택, 고려전답, 자미단 등 역사를 간직하고 있는 것들이 남아 있다.

조선시대 한옥마을, 일제강점기 근·현대마을 등도 중요한 역사터이지만 조용히 세월을 품고 있는 고려동 역시 소중한 역사 유적지이다. 이곳을 보지 않고 함안을 보았다면 왠지 허전할 것 같다. 우리나라에 얼마 남지 않은 고려시대의 역사와 이야기를 간직한 곳이다.

2) 두번째 불사이군 '조려'

조선시대에도 '고려동'의 유래와 비슷한 불사이군의 일이 있었다. 함안 출신 '조려(1420~1489년)'는 단종 때 수절한 생육신의 한 사람이다. 1455년 수양대군이 단종을 몰아내고 왕위를 찬탈하자 모든 벼슬을 버리고 함안으로 낙향하여 서산(西山) 아래 터를 잡았다. 이 서산을 후세 사람들이 '백이산'이라 하였고, 산 앞에 봉우리를 '숙제봉'이라 하여 중국의 '백이숙제(伯夷叔齊)' 뜻을 차용하였다.

조려는 낙향 후 정암강기슭 지류에서 낚시와 독서로 여생을 보

함안 산인면 모곡리에 있는 고려동 전경.
〈함안군청〉

냈다. 계곡에서 낚시한다는 뜻으로 호를 어계(漁溪)라 하였다. 어계를 기리는 함안 서산서원 옆 채미정에 가면 '백세청풍(百世淸風)'이란 현판이 걸려있다. 어계가 평소 쓰던 처세훈으로 "헛되이 권세와 재물을 탐하지 말고, 맑은 바람과 같은 삶을 누리되, 그 기풍이 백세에 전하도록 후손에게 힘쓰라" 뜻이다.

어계가 낚시를 한 곳으로 추정되는 고마암과 삼선교의 흔적이 지금도 남아있다. 조려를 기리는 서산서원 역시 잘 보존되어 있다. 여행의 만족을 두 배로 늘리는 방법은 스토리나 역사를 알고 현장을 보는 것이다.

3) 의사(醫師)로 독립운동 대암 이태준

의사로서 독립운동을 하였고 몽골에서 신의(神醫)로 불리는 대암 이태준 선생이 조홍제와 고향이 같은 함안 군북면 출신이다. 김동균 대암 이태준 선생 기념사업회 이사장(현 함안문화원장)의 노력으로 옛 군북역 자리에 이태준 선생 기념관이 2021년 11월 건립되었다.

군북면에 개관한 대암 이태준 선생 기념관. 〈이래호〉

기념관 내 전시장은 몽골 전통가옥인 게르 모양의 독특한 디자인으로 설계되었다. 기념관과 그 주변도 '함안독립공원'으로 경남 최고의 독립운동 교육장 및 체험장이 될 것으로 보인다.

이곳은 옛 군북역으로 조홍제 효성그룹 창업주가 청년시절 진주 처가나 마산, 서울 나들이할 때 많이 이용한 곳이다. 옛 군북역 터 철길

옆에 조홍제 회장이 서 있는 조형물을 설치하면 스토리가 있는 이색적인 작품이 되지 않을까 하는 생각을 한 적이 있다.

4) 주세붕과 백운동서원

조선시대 지방의 사립 교육기관은 서원이다. 경북 영주에 있는 백운동서원은 한국 최초의 서원이자 사액서원으로 세계문화유산에 등재된 한국의 대표 서원이다. 이 서원을 세운 분이 함안 출신 주세붕(1495~1554년)이다. 함안 칠서면 무산사에 가면 주세붕의 발자취를 만날 수 있다.

5) 조각가 이우환

예술계에 깜짝 놀랄 만한 함안 출신 인물로 현재까지도 왕성하게 활동하는 분이 계신다. 조각가이자 서양화가인 이우환이다.

1936년 함안에서 출생한 이우환은 한국 보다 외국에 더 잘 알려진 세계적인 예술가이다. 일본의 대표적 건축가 '안도 다다오'와 함께 설치한 일본 나오시마의 이우환 작품관은 '과연?'이라는 감탄사가 쏟아지는 곳이다.

돌과 철을 활용한 입체 예술품과 그림 '선으로부터' 등 작품에 매료

일본 나오시마에 있는 이우환 작품관.

되어 필자도 일본 나오시마까지 가서 이우환 작가의 작품을 감상한 적이 있다.

부산시립미술관 별관에 이우환 작품 공간이 있다. 세계적인 스타 한국의 방탄소년단(BTS) 멤버가 이곳에 다녀갔다는 소식에 젊은 층의 방문객이 줄을 잇고 있다. 그러나 이우환이 태어난 함안에는 빈 집터만 덩그러니 남아 있다.

지금 시작해도 늦지 않다. 함안군에도 이우환 작품 전시관을 유치하자. 공공기관에서 기념관 건립을 위한 타당성 조사와 정부 입찰 등의 매뉴얼을 적용하면 절대 안 된다. 성공 확률이 높은 방법이 있다. 함안군에 건립하는 이우환 작품 전시관은 모형과 설계는 물론 작품 설치 등 모든 것을 '이우환 작가님 마음대로 하십시오'하면 실패하지는 않을 것이다. 이러한 확신은 3년 넘게 이우환 작가에 대해 연구한 필자의 결과이다. 수구초심(首丘初心)은 누구에게나 있다. 구순(九旬)을 바라보는 이우환도 고향에 대한 그리움은 사무칠 것이다.

6) 한문학자 허권수

함안군 법수면 출신 허권수 박사는 현존하는 대한민국 최고의 한학자이다. 60년간 외길 학문을 연마하여 중국에 까지 명성을 날리고 있다. 일찍부터 퇴계 이황 선생의 14세 후손으로 국내 한문학계의 태두 '연민 이가원'의 가르침을 받아 그 전통의 맥을 이어가고 있다. 경상국립대학교 한문학과 교수로 재직 중에는 한국 유학의 거두 남명 조식을

한학자 실재 허권수 동방한학연구원장. 〈허권수〉

연구하는 남명학연구소를 설립하였다.

　남명 조식과 퇴계 이황의 가르침을 동시에 품었으니 학문의 깊이를 알만하다. 허권수 교수의 학문을 후원하는 전국의 연학후원 회원이 1천여명에 이르니 이것 또한 무엇으로 설명하랴.

　허권수 교수의 학문의 깊이를 한마디로 정리하고자 한다. '만약 허권수 교수가 모르는 한자가 있다면 그것은 글자가 아니요, 해석이 되지 않는 내용이 있다면 그것은 문장이 아니다.'

　2023년 하반기, 함안에 대한민국을 대표하는 실재한자문화관이 개관된다. 이곳에 허권수 교수가 평생 연구하고 소장한 한자 도서가 기증된다. 대한민국 최초의 한자 전문 문화관이 운영되면 함안은 대한민국 한자 학문의 중심 역할을 하게 될 것이다.

　함안에는 필자가 기획하고 추진한 국제교류도 있었다. 2019년 12월말에 진행되었다. 함안군이 중국 갑골문자 발원지이자 문자 세계 도시를 만들고 있는 중국 안양시를 방문하여 문화·문자 교류를 협의하였다. 아쉽게도 지금은 코로나의 영향으로 보류된 상태이다. 이런 국제교류는 함안의 문화, 역사가 해외에도 널리 알려져 대한민국 문자도시, 한자도시 함안이 되는데 큰 역할이 될 것이라 기대한다.

　효성그룹 창업주 조홍제도 유년시절 한학과 유학을 통하여 인격 형성과 세상의 처세를 배웠다. 사업을 할 때 선비문화와 유학의 가르침을 손수 인용하여 기업을 일구었다고 회고록에서 밝혔다. '유교와 함안, 한자와 함안' 조합이 어색하지 않다. '재물 기운, 재물 복'이라는 표현이 있듯 책을 보고 연구하여 얻는 기운과 행운을 '학복(學福)' 또는 '학기(學氣)'라 한다. 학문으로 세상에 나아가고자 하시는 분에게 함안의 한자문화관은 반드시 '학복과 학기'를 드릴 것이다.

3__ 조흥제와 한학이야기

돈이 돈을 벌어준다. 운이 좋았다로 안이하게 생각하지 말라.
사업은 돈이 적으면 적은 대로 그 규모에 맞게 하면 된다.

추노지향(鄒魯之鄕)은 맹자가 추(鄒) 나라 사람이고, 공자가 노(魯)
나라 사람이라는 것을 뜻하는 말이지만 학문을 숭상하고 예의를 지키
는 고장을 말한다. 이 표현을 함안군에 적용시켜도 어색하지 않다.

중국 '논어'에 '백이와 숙제'라는 말이 나온다. 두 임금을 섬길 수 없
어 수양산으로 들어가 고사리를 채취하여 먹었는데, 그것 역시 '주나
라 땅의 나물이다' 하여 결국 굶어 죽었다는 이야기이다. '백이와 숙제'
는 중국 고대 상나라 말기의 형제로, 군주에 대한 충절을 끝까지 지킨
의인으로 전해지고 있다.

함안에도 그 전설을 간직한 백이산과 숙제산이 실제로 있다. 앞서
이야기한 생육신의 한 사람인 조려를 추모하기 위하여 동네에 있는
서산을 후세 사람들이 백이산이라고 하였고, 앞에 봉우리를 숙제봉이
라 불렀다.

1) 함안군과 유교 문화

불사이군 조려 어계를 모시고 있는 함안 서산서원. 〈이래호〉

　허권수 교수의 저서 '경남지역 유교 문화의 형성과 전개'에 기록된 함안과 관련된 내용이다. 1517년 경상도 관찰사 김안국은 함안군의 풍속을 이렇게 평가하였다. '함안은 검소하고 진솔함을 숭상하였다. 선비는 예법과 의리를 사모하고 상례와 제례에 삼가며 백성들은 농업과 뽕나무 가꾸기에 힘쓰고 아울러 물고기와 소금도 판다' 하였다.

　또한 '함안은 산수가 아름답고 인물이 많이 나고 산물이 풍성한 환경 속에서 거주하며, 함안 군민들은 조상의 제사에 정성을 다해 풍성하게 차린다. 그리고 손님이나 벗들의 접대를 잘하고 이름 있는 집안에서는 조상을 위한 정자나 재실도 많이 건립하였다. 이로 말미암아 유교 문화의 꽃을 피워 함안은 조선시대 내내 문화가 우수하고 학문 활동이 왕성한 곳'이라 하였다. 조선 후기 함안 지역 대표적인 유교 문화로 서원이 많이 세워졌는데 그 대표적인 서원이 어계 조려를 모신 '서산서원'이다.

2) 조홍제 집안의 독립운동

조홍제는 유교가 가풍인 천석꾼의 집에서 태어났다. 종조부 서천 조정규는 영남 일원 당대의 대학자로 많은 문하생을 두었다. 조홍제의 글(한자) 공부 선생은 종조부 서천의 수제자였다. 이 수제자가 오늘날 가정교사와 같이 조홍제에게 글을 가르쳤으니 조홍제의 한학 실력은 분명 남과 달랐다.

서천은 1910년 한일병합조약 비보를 듣고 나라에 아무런 보탬이 없어 망국의 한을 자초한 유생의 한 사람으로 스스로 괴로워하였다.

하지만 나라가 망하였다고 비탄에만 젖어 있지 말고 스스로 힘을 키워야(민족자강) 한다고 생각하였다. 뜻을 같이하는 사람들을 모아 중국 심양으로 가서 고려촌을 세워 독립운동의 근거지로 삼자고 주장하였다.

조홍제는 8세 때, 온 동네 사람들이 종조부를 전송하던 그 광경이 어슴푸레 떠오른다 하였다. 종조부는 조홍제의 조부인 동생 조중규에게 "아우는 격물치지의 도가 출중하니 여기에 남아서 치산에 힘쓰라" 하였다. 조중규는 형의 분부대로 근검절약하여 집안의 농토를 만석꾼의 수준으로 넓혔다.

3) 조홍제의 한학 공부

1916년경 조홍제 나이 11세가 되자 그동안 서당에서 교육을 받던 조홍제가 신식 보통학교에 가도 될 나이가 되었다. 그러나 조부는 조홍제를 신식학교에 보내 왜놈 글을 배우게 하는 것을 허락하지 않고 강고하게 유학의 가르침을 받아들이도록 하였다. 조홍제는 허리까지 내려오는 치렁치렁한 머리를 땋고 문창재에 차린 서당에서

'중용' 책장을 펼치며 한학을 공부하였다.

조홍제 아버지는 할아버지를 위해 본채 옆에 '양심정'이란 별당을 지어 드렸다. 이곳에는 종조부 서천의 벗과 조부의 문우 등

조홍제의 종조부가 유생들과 강담을 나눈 양심정. 현재 군북역 앞에 있다. 〈이래호〉

영남 각지에서 찾아오는 유생들의 모임 장소이자 강담이 수시로 개최되었다.

이렇듯 조부 주변에는 늘 당대 지식인들이 모여들어 마을과 나라를 걱정하고 얘기하며 지역 어른으로서 역할을 하였다. 조홍제 아버지 조용돈에게도 끊임없이 신지식인들이 찾아와 학문과 나랏일을 걱정하고 토론하였다. 아버지는 찾아온 이들을 조금도 소홀히 대접하지 않으셨다고 회고하였다.

조선시대 유학 교육은 그 자체가 생활의 규범이다. 백성들에게 올바른 도덕과 윤리를 알도록 교육 문화와 정신문화에 큰 기여를 하였다. 서당은 우리나라에서 가장 오랫동안 존속되어 온 사립 초등 교육기관으로 지방에서 초급단계 교육을 하는 곳이다. 조선시대 지방에서 가장 활성화되었으며 선비부터 평민 자제까지 누구나 다닐 수 있었다.

서당에는 당시 공립 교육기관인 향교에 입학하지 못한 나이의 8~9세는 물론 15~16세에 이르는 성인이나 결혼을 한 사람들도 찾아오는 유학 도장이었다. 서당에서 배우는 과목으로는 천자문, 동몽선습, 통감, 소학, 시경, 서경, 역경, 사기, 당송문, 당률 등이 있다. 이는 사학

이나 향교의 예비교육이라고 할 수 있다. 한학을 공부하는 순서는 소학을 먼저 읽고 논어와 맹자, 그 후 중용과 대학 순서로 가는 것이 일반적이었다.

4) 소학 권면
큰 강령은 소학의 명륜편과 경신편으로
그 규모와 차례가 상세히 서술되어 있네
행실을 닦는 법으로 이 밖에 달리 없나니
소학을 공부하여 날로 새로워지길 바라노라

옛 선인은 '공부는 단순히 아는 것보다는 수행이 중요하니 소학 공부에 특별히 하라고 강조'하였다.

법고창신, 온고지신의 뜻은 옛것을 익혀 새로운 것을 안다는 뜻이다. 소학을, 논어를, 고전을 읽어보라. 이것이 부자 기 받는 방법 중 하나이다. 가장 실천하기 쉽고 가장 손쉽게 기를 받을 수 있는 유일한 방법이 지금 내손에 책을 놓아둔 것이 아닐까 생각해 본다.

5) 인류가 만든 위대한 도서 '논어'
구인회와 이병철, 조홍제 모두 유년시절 유교 경전을 학습하였다. 유교 학문의 으뜸인 사서삼경을 비롯 고전은 인생의 도덕적인 항목만 가르치는 것이 아니라 미래를 예측하는 능력도 배양하도록 한다.

필자가 중국에서 근무할 때 만난 북경대학 도서관 연구원과의 대화가 기억난다. "한 번도 논어를 읽어보지 않은 분과 논쟁을 하지 말라. 사서삼경을 읽어본 분은 작은 스승이 되니 예를 갖추어 대화를 하라."

인류가 만들어 낸 위대한 도서 논어, 논어는 한 가지 용도로만 쓰이는 책이 아니다. 인생의 단계 단계마다 논어를 통해 새로운 것을 생각하고 배우면 즐겁지 아니할까 하는 생각을 가져본다.

4 _ 대식 선생 조홍제,
신학문에 눈떠

곳곳하지 못하면 욕됨이 있다.

조홍제의 회고록 중 장가가는 이야기는 1920~1930년대 우리 농촌 사회의 한 단면을 그대로 보여주는 풍습 교과서 같다.

1906년 5월 20일 함안군 군북면 동촌리 신창마을에서 태어난 조홍제가 1921년 초, 16세가 되던 해였다. 사립장을 한 노인 한분이 조홍제의 집에 들러 조홍제 머리 둘레를 재어 갔다. 영문을 몰라 이웃에 장가 간 선배에게 그날 있었던 이야기를 하니 "어허 홍제, 장가가는 모양이구나. 머리둘레를 재어 간 것은 망건을 만들려는 거여. 그 망건 위에 초립을 쓰는 거지." 조홍제의 어머니는 시간 날 때마다 아들을 불러 처가댁에는 어떻게 해야 하는지를 가르쳤다. 오늘날 표현으로 예비 신랑수업을 한 것이다.

1) 진주시 수곡면으로 장가가다

조홍제의 처가댁(진주 수곡면 하세진의 차녀)은 신학문을 한 개화 집안으로 진양군(현 진주시) 수곡면 사곡리의 2천석 갑부였다. 신부는 조홍제보다 한 살 많았다. 16세가 되자 조홍제가 초립을 쓰고 군북에서 신부가 있는 진주 수곡면 사곡마을까지 4인교 즉, 네 사람이 들고 가는 가마를 타고 장가를 갔다.

조홍제와 조부가 탄 가마, 예물을 실은 마필이 따르고 그 뒤 하인들이 한 짐씩 짊어지고 150리길을 걸어서 갔다. 부잣집 결혼이고 소문이난 까닭에 중간중간 동네를 지날 때마다 조부의 지인들이 나와 인사를 하는 등 그야말로 대 장관을 이루었다.

조홍제가 신방에 들어가자 방문에 수십여 개의 구멍이 뚫리고 수군거리는 소리가 들렸다. 이런 풍경은 아주 먼 옛날이야기인 것 같지만 조홍제의 실제 장가간 풍경이다. 둘째 날은 '남의 집 귀한 막내 규수를 훔치러 온 도둑'이라 하여 하씨 문중 젊은 친척들에 의해 초례청의 대들보에 매달리는 행사가 있었지만 손위 처남 '하영진' 덕분에 피할 수 있었다고 회고하였다.

하영진은 신문물을 접한 견문이 넓은 분으로 인촌 김성수와 막역한 사이였다. 현재 수곡면 사곡리에 거주하는 하영진의 친척은 이병주의

조홍제 효성그룹 회장의 처가댁은 진주시 지수면 사곡리이다. 〈이래호〉

소설 지리산에 나오는 신지식인 하영근의 실제 모델이라고 하였다. 그리고 하영진은 수곡면 모곡초등학교 건립 후원, 진주 일신여자고등보통학교(현 진주여고) 건립 후원 등의 활동을 한 존경받는 지역 인사라고 설명해 주었다.

조홍제의 처남 하영진이 진주 일신여고(현 진주여자고등학교) 설립에 후원하였다는 기사. 〈동아일보 1937년 8월 17일〉

조홍제 역시 처남 하영진을 '젊은 날 스승이자 좋은 형'이었다고 회고하였다.

조홍제가 훗날 중앙고등보통학교에 입학하게 되는데, 이곳 교장이 처남의 친구인 인촌 김성수이다.

당시에는 장가를 간 후 일정 기간 각자의 집에서 생활한 후 신부 집으로 가는 풍습이 있었다. 조홍제도 이 풍습에 따라 다시 처가댁으로 가다가 뜻하지 않게 '마마'에 걸렸다. 약 한 달 동안 처가댁에서 장모의 지극한 정성으로 완치되었다. 한 달여 병 치료하는 동안 처가 가족과 주변 지인을 만나 대화하면서 신학문에 대해 알게 되었고 진료차 인접한 큰 도시 진주를 보면서 도시 문화에 대한 동경이 생겨나기 시작하였다. 조홍제도 스스로 농촌에서의 생활이 너무 답답하다는 느낌이 조금씩 싹트기 시작한 시기라 하였다.

2) 좌절된 신학문 공부

조홍제가 장가가기 전 13세 전후의 일이다. 조홍제 아버지가 신학문을 배워야 한다는 의견을 조부에게 자주 피력하였지만 조부는 장손인 조홍제는 신학문을 하지 못하도록 하였다. 조홍제 부친도 이 일을 매우 안타까워했다.

마을 친구들이 신식학교에 다니기 위해 도시로, 서울로 떠나갔다. 주말이나 방학 때 만나는 친구들도 신식 학교에 가자고 권유함에 따라 조홍제의 신학문에 대한 열의는 더 높아갔다. 그때 조홍제는 단식을 하면 할아버지가 허락해 줄 것이라 생각하고 단식을 시도한다.

그러나 결과는 할아버지의 노여움을 더 받게 되고 4일 동안의 단식은 싱겁게 끝났다. 결혼 후에도 조홍제가 처남 하영진과 처가댁을 통해 알게 된 신문명과 개화사상에 대한 열의로 신학문을 배우고 싶었지만 조부의 허락 없이는 달리 방법이 없었다.

3) 넓은 세상 서울을 보고

어느 날 숙부가 서울에 가서 넓은 세상을 보고 오는 것을 조부로부터 허락을 받아왔다. 조부는 조건을 달았다. "네가 서울로 가게 되면 고향 친구들을 만날 것인데, 네 상투를 가만히 두지 않을 거다. 절대로 단발을 해서는 안된다. 상투만 온전하게 잘 보존하고 서울 구경을 하거라."

조홍제는 한 달 남짓 서울 구경을 계획하고 두둑한 여비를 챙겨서 안국동에서 하숙하는 친구를 찾아갔다. 서울에 구경 온 조홍제를 맞이한 고향 친구들은 여기저기 다니면서 서울 시내 안내도 해주었다. 또 밤늦게까지 하숙하는 친구들을 모아 세상 돌아가는 이야기로 며칠을 보냈다.

어느 날 조홍제는 한창 성장할 친구들이 하숙집 밥이 적어 고생한다는 것을 알게 되었다. 인근에 하숙하는 친구들을 불러내어 당시 청요

리를 잘하는 고급 식당에 데
려가 푸짐하게 식사를 대접
하였다. 식사 도중 친구 한
명이 숨겨온 가위로 조홍제
모르게 상투를 자르려고 시
도하여 상투 일부가 잘려 나

조홍제가 어린 시절 공부한 당시의 서당 풍경. 〈조홍제 회고록〉

가는 사태가 발생한다. 조부와 약속한 일인데 근심 가득하고 혼이 나
간 조홍제는 다음날 기차를 타고 고향으로 내려왔다.

　고향에 돌아오니 숙부님은 "그대로 서울에 눌러앉아 학교에 가지
왜 다시 내려왔냐, 고지식하다"라고 꾸중을 하였다. 뒤늦게 숙부의 말
씀을 이해하였지만 조부와의 약속으로 다른 선택을 할 수 있는 여건
이 아니었다. 서울의 화려함을 가슴속에 담고 온 조홍제의 심장은 매
일매일 활기차게 뛰어도 함안에서 달리 선택할 것이 없었다. 집과 서
당 문창재를 오고 가는 일상으로 세월을 보냈다. 조홍제의 서울 견학
은 가슴을 흔들어 놓았고 신학문에 대한 집착은 더 강해져 갔다.

4) 대식 선생 조홍제

　조홍제는 대식가다. 15세의 나이가 되자 하루 식사량이 한 끼에 3
그릇씩이나 먹었다. 그래서 서당에 공부하던 친구들이 '대식 선생'이
라는 별명을 붙여 주었다. 훗날 서울에서 학교 다닐 때 조홍제는 시골
서당에서 다니던 때의 대식병이 또 발생하였다. 하숙집에서 조금 주
는 밥 때문에 늘 배고픔을 견디는 것이 힘들었다. 한때는 밥 많이 주
는 하숙집만 찾아서 옮기기도 하였다.

　1924년 조홍제가 서울에서 하숙할 때 한 달 비용은 월 16원이었다.

조홍제는 어려서부터 남과 달리 식사량이 많아 서당에서 대식 선생이라는 귀여운 애칭의 별명을 가졌다. 〈일러스트 김문식〉

당시 벼 한가마 값이 5원50전, 한 달에 쌀 세 가마 값을 주는데 밥은 언제나 조홍제의 식사량의 절반도 되지 않아 부잣집 아들이 배고파하는 고생 아닌 고생을 하였다.

일본 동경 법정(호세이)대학 유학 중에도 조홍제는 음식으로부터 자유를 찾지 못하고 친구와 함께 집을 하나 빌려 자취를 하였다. 빌린 집에 방이 여러 개가 있어 고향 친구들을 불러와 고향에서 가져온 된장, 고추장으로 직접 김치를 담가 먹기도 하면서 한국인의 밥심으로 공부도 열심히 하였다. 이렇게 친구들과 함께 지낸 집을 동방의 별(東方之星)이 되기 위해 모인 집이란 뜻으로 '동성사(東星舍)'라 하였다.

하숙(下宿)은 한자 그대로 풀이하면 가장 낮은 등급의 숙박업소이다. 방값과 식대를 지불하고 장기간 남의 집에 숙박하는 행위를 말한다. 하숙의 등장은 1920년대 초 도시의 발달과 함께 증가하였다. 하숙보다 높은 대우를 해주는 중숙과 상숙은 왜 없는지 궁금하다.

5 __ 조홍제와 초등학교

성공하지 못하는 사업을 하여 실패하는 것보다,
실패하는 사업을 하지 않는 결단도 성공하는 사업이다.

이 글은 이건희 에세이 '생각 좀 하며 세상을 보자' 내용이다. 끈기
있게 생(生) 데이터를 모아야 한다. 그것이 중요한지 그렇지 않은 것
인지는 훗날 판명되며, 역사의 차이는 곧 기록의 차이다. 데이터, 경
험, 역사 이런 것은 돈 주고도 못 사는 것들이다.

문제를 삼지 않으면 문제가 되지 않는데, 문제를 제기하면 작은 차
이가 큰 논쟁을 만드는 경우가 있다. 필자도 창업주 이야기 기록을 정
리하면서 여러 자료를 참고하였지만 명쾌하지 않은 것이 조홍제의 지
수초등학교 재학 관련 내용이었다.

지수초등학교를 소개할 때 늘 함께하는 수식어가 대한민국을 대표
하는 기업인 구인회, 이병철, 조홍제가 1회로 졸업한 학교라는 표현
이다.

1) 조홍제 지수초등학교 다닌 근거 찾지 못해

세 사람의 창업주 이야기 기록을 찾아다니면서 많은 질문 중 하나가 구인회의 진주 포목점 터, 이병철이 처음 사업을 한 마산 협동정미소 터와 조홍제의 지수초등학교 학력 관계였다.

학교에 다닌 사실을 인정하는 것은 졸업장이나 학적부가 증명을 한다. 그러나 학교에 다니지 않은 근거를 설명하는 것은 쉽지 않은 일이다. 물론 그 시기에 다른 학교에 다녔다는 증명을 하면 된다.

이 방법 역시 100년 전 일제강점기의 일이라 사실을 증명할 자료가 부족하다. 현실적으로 참 어렵다. 그러나 구인회와 이병철의 기록을 비교하면서 분석한 결과 조홍제와 지수초등학교와 무관함에 대해 근거와 설득력 있는 내용이 몇 가지 있어 정리해 보았다.

2) 효성그룹의 공식 입장

인터넷 자료나 보도된 기사는 '구인회, 이병철, 조홍제가 졸업한 지수초등학교'라는 제목이 고착화되어 있어 많은 사람들이 사실 관계의 검증도 하지 않고 그대로 인용을 하고 있는 상황이다.

필자가 사실 관계 확인을 위해 필요한 자료를 효성그룹에 요청하였다. 효성그룹의 입장은 "어떻게 하여 조홍제 창업 회장의 학력이 와전되었는지 알 수는 없으나 초등학교는 서울에서 다녔다. 지수초등학교에 재학한 사실이 없음에도 언론에 계속 거론되고 있어 그때마다 언론사에 정정 요구를 하고 있지만 실상 정정되는 것은 무척 어렵다고 하였다. 그러나 사실 관계 확인을 위해 외부에서 연락이 오는 경우 조홍제 창업회장과 지수초등학교와는 관련이 없는 것을 설명을 드리고 있다"하였다. 이런 상황을 필자에게도 알려주었다. 필자는 효성그룹 관계자의 설명을 보완할 자료를 다방면으로 조사해 보았다.

3) 언론과 자료로 찾아본 조홍제와 지수초등학교

필자가 확보한 자료 중 조홍제 효성그룹 창업주가 지수초 1회 졸업 생이라고 보도된 가장 빠른 기사는 1995년 9월 13~27일까지 국제신 문에서 보도된 내용이다.

그러나 조홍제가 지수초등학교에 다니지 않았다는 언론자료는 2005년 6월 26일 서울신문이다. '신문에는 '조홍제 지수초 졸업하지 않았다'라는 제호로 아주 상세하고 구체적으로 조홍제의 학력 내용을 보도하였다.

서울신문은 2005년 1월 10일부터 '2005년 재계 인맥 혼맥 대탐구' 와 관련하여 특별 취재반이 주간 단위로 연재물을 내보냈다. 23회를 연재한 후 특별 취재반 기자가 간담회 형식으로 대화한 내용을 정리 하여 보도한 기사이다.

기사의 원문 일부 내용을 인용하였다.

'수십년 만의 진실, 조홍제는 지수초등학교를 졸업하지 않았다.'

"재벌들의 인맥과 혼맥은 그동안 신문 시리즈 기사나 책으로 소개 된 적이 있습니다만, 의외로 잘못 알려졌던 '팩트'가 적지 않았습니다. 재계 총수를 3명이나 배출했다고 해서 화제가 됐던 경남 진주의 지수 초등학교에 대한 오해가 대표적입니다. 지금까지 삼성 창업주인 고 이병철 회장, LG 창업주인 고 구인회 회장, 효성 창업주인 고 조홍제 회장이 지수초등학교 1회 졸업생으로 알려졌지만, 조 회장은 이 학교 에 다니지 않은 것으로 확인됐습니다."

취재팀은 이를 뒷받침하는 설득력 있는 내용도 보충 설명을 정확하게 하였다.

"이병철 회장은 1922년 3월 지수보통학교 3학년에 편입했습니다. 구인회 회장은 1921년 지수보통학교 2학년에 입학, 1922년 3학년 때 둘은 같은 학년이었던 셈입니다. 이병철 회장은 그해 9월 서울의 수송보통학교로 전학을 갔고, 구인회 회장은 1924년 1회 졸업과 동시에 상경하여 중앙고등보통학교를 다녔기 때문에 같이 지수초등학교를 졸업한 것도 아닙니다."

"조홍제 회장은 1922년 상경, 서울 중동학교를 다녔습니다. 효성그룹 관계자는 언제부터인지 조홍제, 이병철, 구인회가 지수보통학교 동기동창으로 소개됐지만 조홍제는 지수보통학교에 다니지 않았습니다. 처음에 어떤 신문사의 기자가 잘못 쓰는 바람에 계속 세 사람이 동문이라고 보도되어 그때마다 기사를 고쳐달라고 요구했지만, 요즘은 아예 포기한 상태라고 털어놨습니다."

4) 2006~2012년 언론에 보도된 조홍제와 지수초

기초 자료로 먼저 인터넷으로 검색을 해보면 지수초등학교를 소개할 때 많이 언급되는 내용이 '구인회, 이병철, 조홍제가 1회 졸업한 기업가의 산실', '이병철과 조홍제는 지수초등학교를 졸업하지 않았다', '1회 졸업생이다' 등 이러한 제목과 유사한 내용이 많았다.

1921년 5월에 개교한 진주 지수초등학교 현재의 전경.

이와 관련하여 학계, 경제계, 기업의 책임자 등 여러 사람에게 자문을 받아 보았다. 창업주의 학력, 이력은 시대의 상황과 기업의 성장 역사에 중요한 내용이 될 수 있으니 분명하게 밝혀 보라는 요청도 많이 받았다. '한국 재벌 형성사'를 출간한 이한구 교수는 문서 자료가 있으면 연구를 하여 논문을 쓰거나 학회에 발표도 하여 기록을 남길 만한 가치 있는 주제라 하였다.

최근 K-기업가정신센터 초청 강사로 참여하면서 가장 많은 질문과 정확한 사실을 알려달라고 하는 것도 '이병철과 조홍제가 지수초등학교를 졸업하였는가 하는 질문이었다. 이병철은 본인 회고록에도 정상적인 학교 졸업장이 없다고 하였다. 조홍제 본인 스스로 지수초등학교를 언급한 기록은 한 곳도 발견되지 않았다. 필자는 이러한 내용에 관해 인터넷 조사에 이어 신문보도 내용을 찾아보았다.

1999년 9월 6일 중앙일보에는 조홍제, 구인회는 지수초 1회, 이병철은 2회 졸업생으로 되어 있다. 다음날 1999년 9월 7일 국제신문에도 동일한 내용으로 보도되었다. 중앙일보의 경우 인터넷 검색 중 가장 빠른 연도가 1999년으로 그 이전에 것은 검색이 되지 않아 알 수 없다.

'국제신문 2006년 6월 5일 기사에는 조홍제가 지수초에 다녔다.'

'세계일보 2007년 10월 19일 기사에는 조홍제가 지수초에 다니지 않았다.'

헤럴드경제 2009년 9월 23일자 기사에는 '조홍제는 지수초에 다니지 않았다.'

헤럴드경제 2012년 6월 8일자는 효성그룹 측 의견을 인용하여, '지수초에 다니지 않았다'로 보도하였다.

2010년 이후부터 지수초등학교와 솥바위와 관련된 보도가 증가하기 시작하였다. 특이한 것은 중앙지와 지방지 등 여러 언론사에서 솥바위, 지수초등학교, 창업주 세 사람의 관계, 세 사람의 학력 내용을 세트로 기사에 언급하였다. 아울러 조홍제에 대해서 '지수초등학교 졸업생이다', '졸업생이 아니다'라는 기사 언급도 많아지기 시작하였다. '부가 흐르는 마을 기 한번 받아볼까!', '기 받기'라는 표현을 처음으로 사용한 기사가 경남신문 2012년 8월 30일자였다.

특이한 기록도 있었다. '1984년 월간조선 3월호'에 조갑제 언론인이 심층취재한 '부자촌의 빛과 그림자, 재벌 총수 구인회 이병철 조홍제 고향'에 대해 많은 분량으로 창업주 세 분에 대해 기록된 내용이 있다. 세 사람의 학력에 관해 언급도 하였다. 조홍제는 군북초등학교를 다니다 서울로 유학을 갔고, 구인회와는 방학 중 고향에 내려오면 축구를 통해 서로 교류하였다고 한다.

월간조선 2003년 2월호에 조갑제 편집장이 LG그룹 구자경 명예회장을 인터뷰 한 내용을 연재하였다. '지수보통학교는 구자경 명예회장의 부친 구인회 회장과 삼성그룹 창업주 이병철 회장이 나온 학교다.

효성그룹 창업주 조홍제 회장은 이곳에서 20리쯤 떨어진 경남 함안의 군북보통학교를 나왔다. 한국 기업사에 큰 족적을 남긴 이들 세 명은 1년에 한 번씩 원족(遠足, 소풍)도 다니고, 축구도 같이 한 친구였다고 구자경 명예회장은 기억했다.'

5) 지수초등학교보다 빨리 개교한 군북초등학교

조홍제가 생활한 함안 군북면 집 앞에 4년제 군북공립보통학교(군북초등학교)가 1921년 4월 1일에 개학을 하였다. 1921년 5월에 개교한 지수초등학교보다 먼저 설립되었다. 그러나 당시 2학년 입학학생이 없어 1학년만 입학을 하였기 때문에 1925년 3월에 1회 졸업생(당시 4년제)이 배출되었다. 지수보통학교는 2학년 입학생이 있

군북면에 있는 조홍제 회장 생가 조감도.

어 1924년에 1회 졸업생을 배출하였다. 1935년생인 조홍제 창업회장의 장남 조석래 2대 회장이 군북초등학교 5학년까지 다녔다. 해방이된 후 아버지 조홍제가 사업을 전개하기 위해 서울 명륜동으로 이사를 갈 때 서울 재동초등학교로 전학을 갔다는 기록이 있다.

군북면에서 10리길 거리에 있는 함안군 읍내에 1911년 6월에 일찍이 함안공립보통학교가 개교를 한 상태였다. 이렇게 집에서 가까운곳에 일찍 개교한 학교가 있는데 일제강점기에 초등학생을 진주 지수면까지 유학을 보낼 이유가 있었을까.

조홍제의 생가가 있는 군북에서 지수보통학교까지는 교통도 불편하여 사실상 통학이 불가능한 시대였다. 가정적으로도 조홍제가 장손이라 조부는 조홍제에게 한학 공부를 시켰고 신식학교에 다니는 것을

1921년 4월에 개교한 조홍제 생가 인근에 있는 군북초등학교.

강고하게 반대를 하였다. 이런 환경에서 진주 지수에 있는 학교까지 유학을 갔다는 것은 상식적인 측면으로 볼 때 설득력이 부족하다고 보인다.

이병철은 서당 공부를 끝내고 1922년 진주 지수초등학교 3학년 과정에 편입하면서 처음으로 신식 교육을 받았다. 하지만 3학년 1학기만 다니고 서울로 전학을 갔기 때문에 지수초등학교 졸업생이 아니다. 계속 다녔다면 구인회와 동기생으로 1회 졸업생이 된다.

진주 지수초등학교 교정에 심은 소나무 이야기를 비롯하여 언론에서 많이 인용하고 있는 구인회, 이병철, 조홍제의 지수초등학교 1회 졸업 이야기는 여러 가지 오류가 있어 보인다. 사실 관계가 바로 정리되었으면 하는 것이 저자의 바람이다.

6) 지수초등학교와 무관한 자료정리

필자가 확보한 자료나 제시한 내용은 주관적이거나 객관적으로 보아도 설득력이 있다는 주변의 의견이다.

[기록물 자료]

(1) 구인회 회고록 – 1979년 12월, 연암기념사업회 발간.

　　내가 조홍제를 알게 된 것이 1923년 근린 군, 면 학교 대항 축구를 통해 조홍제와 교류를 시작하였다(p598 참조).

(2) 한번 믿으면 모두 맡겨라 – 1993년 12월, 럭키금성그룹 발간.

　　내가 조홍제를 알게된 것이 1923년 근린 군, 면 학교 대항 축구를 통해 조홍제와 교류를 시작하였다.

(3) 조홍제, 나의 회고 – 2000년 4월, 도서출판 고도.

　　1983년 1월 8일 원용석 한국경제신문사 회장이 추천서를 써준 조홍제 회장이 1983년 생존 때 작성한 회고록이다.

이 회고록에 조홍제는 1921년에 결혼을 하고 1922년에 중동학교 초등과에 다녔다고 밝혔다. 서울 종로구 명륜동에 있는 조홍제 기념관 기록물의 연도와 일치한다.

(4) 조홍제, 여보게 조금 늦으면 어떤가 - 2003년 12월. ㈜북 21.

서문에 기록된 내용. 내(조홍제)가 신학문에 처음으로 접한 것이 17세인 1922년이고, 중앙고등보통학교에 들어간 것이 19세인 1924년이었다.

(5) 허신구 평전 - 2020년, 부산대학교출판문화원.

허신구 : 지수초등학교 18회 졸업생, 허만정의 넷째 아들, 하이타이 개발 주역, 금성사 사장, 럭키금성그룹 부회장 등을 역임하였다. 평전 본문 (p57)에 지수초등학교를 거쳐 간 대표적인 인재는 구인회와 이병철이다. 1922년 이 두 분은 잠시나마 한 반에서 동문수학 한 사이였다.

[언론보도 자료]

(1) 서울신문 2005년 6월 26일 보도 내용

'조홍제 창업주가 지수초등학교 졸업생이 아니다'라는 근거를 제시한 최초의 기사 내용이다(5회. 조홍제와 초등학교. 3) 언론과 자료로 찾아본 조홍제와 지수초등학교 기사 내용 요약).

(2) 1984년 월간조선 3월호

언론인 조갑제가 연재한 창업주 세 분에 대한 내용 중 조홍제가 군북초등학교를 다니다가 서울로 유학을 갔다는 기록이 있다.

[조홍제 기록 자료]

2000년 4월, 도서출판 고도에서 출판한 조홍제의 회고록 '나의 회고'에 기록된 조홍제의 연도별 활동을 통해 조홍제의 학력 관계를 알 수 있다.

(1) 1921년 2월, 진양하씨 하정옥과 결혼

(2) 1921년 7 ~ 8월, 진주 수곡 처가댁에 재행 하는 중 마마에 걸림, 수곡에서 진주의 병원을 오고 가며 치료, 처남 하영진으로부터 신문물, 신문명에 대한 폭넓은 이해를 듣게 되다.

(3) 1921년 가을, 신학문을 배우기 위해 단식투쟁을 하였으나 실패, 고향에서 계속 서당에 다니며, 장손으로 가사일을 돌보았다. 신부가 진주에서 함안 군북으로 오다.

(4) 1921년 늦가을, 숙부께서 조부에게 조홍제가 서울로 가서 친구도 만나보고 세상을 보고 오도록 허락을 받아 내자 서울 견학을 가다.

(5) 서울 구경을 하고 함안으로 귀가한 조홍제가 스스로 상투를 잘라버리고 조부에게 신학문을 배우게 해달라고 계속 요청을 하다.

(6) 조부는 4가지 조건(조홍제 편. 6회. 어릴 때부터 싹튼 민족의식)을 걸고 신학문을 배우기 위해 서울로 유학 가는 것을 승인하였다.

(7) 1922년 초, 서울로 유학을 가다. 서울 중동학교 초등과 1. 2. 3학년 과정을 반년만에 수료하다.

(8) 1923년 서울 협성실업학교 4. 5. 6학년 과정을 수료하다.

(9) 방학 중 고향에 내려오다. 면 대항, 학교 대항 축구 시합에 참

여, 구인회의 지수 축구팀과 지수와 군북을 오고 가며 시합을 하였다.

(10) 구인회는 축구를 통해 조홍제를 알게 되었다고 회고록에 남겼다.

(11) 군북팀이 지수에서 축구시합을 한 곳은 지수초등학교 운동장과 지수 재래시장 터 이다. 지수팀이 군북에 가서 시합한 곳은 군북초등학교와 정암진 앞 함안군 정암 백사장이다.

(12) 면 대항 축구 시합은 당시 동네 축제로 마을 주민들은 각종 음식을 준비하여 뒤풀이를 하였다. 군북팀은 조홍제가, 지수팀은 구인회가 경비 지원을 하였다.

(13) 1924년 구인회와 조홍제는 중앙고등보통학교에 함께 입학하였다. 축구교류로 시작된 조홍제와 구인회가 고교 동창관계가 되었다. 중앙고에 같이 입학한 것도 서로 축구를 통해 교류하면서 이루어진 결과로 예측된다.

[기타 자료]

⑴ 조홍제가 태어난 생가 부근에 1921년 3월 30일 군북초등학교 개교되었다. 1921년 5월 7일 개교한 지수초등학교보다 앞서 개교하였다. 조홍제 집에서 가까운 함안읍내에 있는 함안공립보통학교도 1911년 6월에 개교를 하였다.

⑵ 엄격한 유교 집안의 장손 조홍제를 집 부근 학교를 두고, 멀리 떨어진 지수보통학교까지 유학을 보낼 이유가 있었을까?

⑶ 구인회 회고록에 조홍제와는 1923년 면 대항 축구를 하면서 사귄 친구라 하였다. 단 한 번도 지수초등학교에서 조홍제와 함께

공부하였다고 언급한 내용이나 기록은 아직까지 알려진 것은 없다.

(4) 지수초등학교 홍보물에 '구인회, 이병철, 조홍제 세 사람이 1회 졸업생'이라고 되어 있지만, 지수에 거주하는 원로도 '조홍제와 지수초는 무관하다'고 말씀 하시는 분이 많이 있다.

(5) '조홍제가 지수초등학교 다녔다고 하더라' 하고 들었다는 분은 있어도 조홍제가 우리 아버지와 혹은 우리 할아버지와 함께 공부하였다고 하는 조금 구체적인 이야기를 들었다고 하는 분은 현재까지 만나보지 못한 상태이다.

(6) 지수초등학교가 보관하고 있는 6·25 전쟁 후 정리한 수여대장에 구인회 이름만 있고 조홍제, 이병철 이름이 없는 것은 결코 누락된 것이 아니라 졸업을 하지 않았기 때문이라고 볼 수 있다.

필자의 생각에 100년전의 기록을 확인하는 것은 쉽지 않은 일이다. 하지만 조홍제 회장 기념관의 연혁, 조홍제 회장이 생존에 기록한 개인의 이력서 보다 더 정확하고 신뢰받을 기록물로 어떤 것이 있을까 생각해본다. 필자가 확보한 합리적인 자료외 다른 자료가 있다면 언제든 교류하였으면 한다.

7) 새로운 자료의 인정

진주 지수면에 K-기업가정신센터가 2022년 3월에 개관되었다. 진주시와 중소벤처진흥공단에서 정성을 들여 한국 기업사 전시실을 잘 만들어 놓았다. 경향 각지에서 견학, 관광, 교육 목적으로 방문객이 끊이지 않고 있다.

창업주 세 사람의 일대기와 관련 전문가로 인정을 한 것인지 강사로 초청되어 교육 참가자를 대상으로 여러 차례 강의를 하였다. 교육 과정에는 좋은 기운을 받아 성공을 기원하는 '창업주 고택 기 받기' 견학 과정도 있었다. 교육생 중 일부는 이곳에 오기 전에 인터넷에 여러 자료를 찾아 가지고 왔다. 전시실의 기록 내용과 본인이 검색한 자료와 차이가 있어 정확한 내용의 답변을 요구하는 질문도 많이 하였다.

세 분의 창업주 일대기는 매우 중요한 기록이다. 2022년 진주 시정 소식지 '촉석루'와 경남도에서 출간하는 도정 소식지 '경남공감'도 집필자가 정확한 사실관계를 조사하지 않았는지, 혹은 어떠한 자료를 사용하였는지 오류가 있었다. 지수초등학교를 구인회, 이병철, 조홍제 세 사람의 모교로, 운동장에 있는 소나무에 대해 세 사람이 심은 부자 소나무로 소개하고 있다.

지방정부에서 발행하는 책은 신뢰성이 높다. 독자나 기관에 체계적으로 배부를 하기에 독자에게 많은 영향을 줄 수밖에 없다. 전문가 자문도 받지 않고 확실하지 않은 내용을 게재하여 배부하는 것에 대해 특별한 대책이 있어야 한다는 생각이 떠나지 않는다.

K-기업가정신센터 전시장 안에는 '조홍제는 지수보통학교에 다니지는 않았지만…' 하는 설명을 해 놓았다. 전시장 견학을 마치고 운동장으로 나오면 반드시 사진을 찍는 부자소나무가 있다. 이 소나무 안내판에는 구인회, 이병철, 조홍제 등 지수초등학교 1회 졸업생이 심은 것으로 소개되고 있다. 이 내용도 모순인 이유는 구자경 LG그룹 회장이 회고록에서 부자소나무를 언급하였는데 "아버지 구인회와 입학 친구들이 함께 심은 것이라 더욱 애착을 가진다"라고 하였다.

세 사람이 지수초 1회 졸업생이라고 알려진 각종 언론 내용에 대해 필자는 언론사, 교수, 관계기관 등에 오류라고 지적하고 자료까지 보내주었다. 기업가 정신 수도를 선포한 진주시가 이런 사실 관계는 반드시 정리하여야 한다는 생각을 가진다.

지수초등학교 동창회에도 사실관계를 정확하게 하기 위해 토론회도 제안을 하였다. 관련 단체나 학회에도 자료를 보내 '~ 카더라'에 대한 오류를 확실하게 해야 한다고 요청하였다.

우주선을 발사하는 세계 10대 강국에서 기록 문화가 이렇게 허술하게 되어서는 안 된다. 설득력 있고 정확한 기록물이 있음에도 사실이 왜곡되는 것은 있을 수 없는 일이다.

온고지신, 법고창신은 아무리 강조해도 지나침이 없다.

창업주의 경남 활동 기록은 대한민국 경제사의 중요한 기록이다. 반드시 사실 관계를 정리하여 정확하게 남겨야 한다.

'기억을 기록으로, 흔적을 문화유산'으로 만들기 위해 진주시와 창원시 그리고 언론사의 관심이 절실히 필요하다고 생각한다.

6 __ 어릴 때부터 싹튼 민족 의식

타인을 멸시하지 말라, 근검과 성실을 위주로 하라.
근검 절약하고, 규칙 생활만이 최고의 수익이다.

 전통을 중요시하고 유림 학문의 깊이가 있는 조홍제의 조부도 시대
의 흐름에는 역행할 수 있는 상황은 아니었다. 손자 조홍제의 신학문
에 대한 열의를 막지 못하고 조부도 마침내 허락을 하여 조홍제는 서
울로 유학을 가게 되었다.
 그렇지만 조부는 신학문을 허용하면서 서울로 유학 가는 조홍제에
게 4가지 조건을 요구하였다.

 첫째, 신학문을 하면서도 한학 공부는 계속하거라.
 둘째, 잡기를 가까이 하지 말거라.
 셋째, 여색은 어떠한 이유로도 근접해서는 안 된다.
 넷째, 졸업 후에는 반드시 귀향하여 장남으로 집안의 일을 하거라.

 꿈이 현실이 되어 서울로 유학 갔지만 시골에서 한학 공부만 한 조홍

제는 신학문의 기본 지식이 없이는 고등보통학교에 진학할 수 없었다.

1) 17세에 초등학교 과정 공부

1922년 조홍제가 17세가 되면서 비로소 신식학교에 다니게 되었다. 보통학교 1, 2, 3학년 과정을 가르치는 중동학교 초등과에 입학을 하였다. 6개월 만에 수료를 하고 1923년에는 서울의 협성실업학교에 들어가서 1년 만에 4, 5, 6학년 과정을 마쳤다.

당시 협성실업학교에서 전 과정을 배웠음에도 보통학교 인가가 되지 않아 고등보통학교 입학 자격을 인정해주지 않았다. 그러나 중앙고등보통학교는 학력과 상관없이 입학시험을 보아 성적이 우수하면 입학이 가능한 제도가 있었다. 이를 알게 된 조홍제는 1924년 19세때 중앙고등보통학교에 지원, 우수한 입학성적으로 합격을 한다. 이때 진주 지수면 출신 구인회도 지수보통학교를 졸업하고 중앙고등보통학교에 입학하여 조홍제와 함께 다녔다. 당시 교장은 인촌 김성수로 조홍제의 처남 하영진과 막역한 사이였다.

2) 구인회와 중앙고등보통학교 입학

조홍제는 입학성적도 우수하였고, 나이도 동기생보다 많아 반에서 급장으로 선출되었다. 당시 중앙고등보통학교는 5년 제였다. 조홍제는 입학부터 4학년 2학기 퇴학당하기까지 4년이 자신의 젊음을 활짝 피웠

조홍제와 구인회가 다녔던 현재의 서울 중앙고등 학교 전경. 〈이래호〉

던 시기라고 회고하였다.

학교생활도 열심히 하였다. 새로운 지식에 갈망하던 조홍제는 학교 수업 외 여러 가지 책도 탐독하였다. 춘원 이광수의 문학책을 읽기도 하였지만 조홍제가 특히 관심을 가지고 많이 읽은 책은 과학과 경제, 수학 등이었다.

3) 조홍제의 숨은 끼, 학교 응원단장

학업성적도 우수하여 반에서 1, 2등을 빼앗기지 않았다. 특히 교내에서 조홍제만큼 수학을 잘하는 학생이 없었다. 풀리지 않는 수학 문제는 조홍제의 손만 가면 해답이 나왔다. 수학 교사도 조홍제를 의식할 정도였다.

중앙고등보통학교는 학교 스포츠로 축구부는 물론 지금도 쉽지 않은 조정부를 두어 운영할 정도로 선도적 학교였다. 학교 대항 운동 시합이 있는 날이면 선배나 동료 급우들이 조홍제를 찾았다. 구수한 사투리에 제법 입담도 있고, 성적도 우수한 만능 재주를 가졌기에 선배들은 조홍제에게 단체 응원을 리더하는 응원단장을 맡겼다.

조홍제는 삼베 몽당 바지에 수건으로 머리를 질끈 매고 응원단장이 되어 학생들에게 웃음을 선사하며 사기를 북돋우기도 하였다. 학창 시절이 아니면 부릴 수 없는 객기라고는 하나 조홍제는 회고록에서 그 시절이 무척이나 그립다고 하였다.

4) 6·10 만세 운동 참여, 수감 생활

1919년 3월 20일, 서당에서 공부를 하던 14세의 조홍제는 군북 읍내에서 들려오는 요란한 총소리를 들었다. 군북 장날 유림을 비롯한

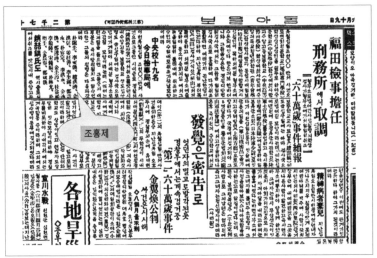

6·10 만세 운동 관련 내용으로 조홍제 이름도 있다. 〈동아일보 1926년 6월 19일〉

사회 지도층, 주민 등 5천여명이 일제에 항거한 '군북 3·20 독립 만세
운동'이었다.

　7년 후, 1926년 6월 10일은 순종의 장례일이다. 이날은 학생 중심의
민족 독립운동이 일어났다.

　1926년, 조홍제는 서울 중앙고등보통학교 3학년에 재학 중이었다.
중앙고등보통학교가 중심이 되어 일으킨 6·10 만세 운동에 조홍제는
주모자 가운데 1명으로 몰려 종로경찰서에서 모진 고문을 겪었다. 이
운동의 주모자를 찾기 위한 경찰의 방망이 구타와 코에 물 붓기 등 심
한 고문에 조홍제는 기절까지 하였다. 오직 모른다는 대답을 일관되
게 하자 결국 서대문 형무소로 넘겨져 수감 생활로 이어졌다. 학교의
노력 등으로 기소유예가 되어 출소하였지만 모진 고문의 고통에서 쉽
게 벗어날 수 없었다. 동아일보 1926년 6월 19일 발행한 신문, 6·10
만세 운동 관련 기사에 조홍제 이름을 찾을 수 있다.

5) 동맹 휴학 주도, 퇴학의 아픔

학교로 다시 돌아온 조홍제는 1927년 8월 또 한 번 의도하지 않게 동맹 휴학의 주도자로 오인되어 16명의 주동 학생과 함께 4학년 2학기 때 퇴학 조치를 받았다.

조홍제는 퇴학까지 당한 이 쓰라린 실패를 통해 세상의 이치를 알았다. '인생에는 반드시 크고 작은 기복이 있으며 불행한 일도 때로는 전화위복이 될 수 있다'는 것을 깨닫게 되었다. 조홍제는 이러한 일을 겪고 지도자의 위치에 서게 되면 주어진 모든 상황에 대해 세 번, 네 번 숙고해서 결정을 내려야 한다는 교훈을 얻었다. 조홍제는 "중퇴생, 낙제생이 되면 그것을 충격으로 더욱 분발하여 더 큰 업적을 남길 수 있으니 그렇게 위축할 필요는 없다"라고 회고록에서 밝혔다.

6) 조홍제의 투철한 민족정신

조홍제의 반일 의식은 종조부 서천의 일본 침략에 대응한 독립정신의 피를 이어받은 것이다. 군북에서 1919년 3·20 독립 만세 운동을 직접 겪었고, 서울에서 6·10 만세 운동 때는 감옥까지 갔다. 조홍제의 일제에 대한 저항은 여기서 끝난 것이 아니라 유학을 갔다 온 후에도 있었다. 지식인이자 마을의 지도자였던 조홍제는 일본 경찰의 요주의 인물이었다.

일본 경찰은 조홍제가 일본에서 대학까지 공부한 탓

1919년 3월 20일 함안 군북에서 일어난 군북 3·30 독립 만세 운동. 사진은 99주년 기념행사의 한 장면이다. 〈함안군청〉

에 일본을 잘 알 것이라 생각하여 조홍제를 통해 마을 통치를 하려고 군북지역에 권한과 책임 있는 자리를 추천하였다. 하지만 조홍제는 일본의 요구를 끝까지 거절할 만큼 민족정신이 투철하였다. 일본의 앞잡이가 되어 마을 사람들을 관리할 수 없다는 확고한 신념을 가지고 있었다.

투철한 민족정신의 한 단면을 엿볼 수 있는 또 다른 조홍제의 이야기다. 효성그룹 2대 회장인 장남 조석래는 1935년생이다. 10세 때 해방이 되자 아버지 조홍제는 아들 조석래에게 가장 먼저 애국가를 가르쳤다.

7) 서울 중앙고등보통학교

현재는 서울 종로구에 있는 중앙고등학교이다. 인촌 김성수가 1915년 4월 이 학교를 인수하고 1917년 3월 교장에 취임하였다. 1921년 4월 1일 사립 중앙고등보통학교(약칭 중앙고보)로 개칭되었다. 조홍제는 4학년 때 퇴학을 당하였지만 훗날 18회 졸업생으로 인정되었고, 1991년 제 4회 자랑스러운 중앙인 수상자가 되었다. 역사가 긴만큼 본관, 동관, 서관 건물은 사적으로 지정되어 있다. 채만식, 변영로, 서정주, 이상화 등의 한국 문단을 대표하는 문학가를 비롯 이희승 국어학자, 정진석 추기경, 최불암 방송인을 비롯 정치사의 한 획을 그은 전 국회의원 김종인, 정몽준도 이 학교 졸업생이다. 비록 2학년 중퇴이지만 LG그룹 창업주 구인회도 이 학교를 다녔다.

중앙고등학교 교내에 있는 6·10 만세 운동 기념비. 〈이래호〉

7 __ 동방명성을 꿈꾸며, 일본 유학

돈을 빌릴 때 이자는 싸고 거치기간과 상환기간은 길게,

그리고 돈을 빌려 주었으면 그 용도에 대해서도 간섭을 하지 말라.

서울에서 퇴학생을 받아주는 곳이 없자 조홍제는 이 기회에 더 넓은 곳으로 가서 공부하겠다는 생각을 하고 일본으로 유학을 갔다. 당시에는 입학허가, 자격시험, 여권 발급 등 제약이 없어 경제력만 있으면 누구나 일본에 가서 공부할 수 있었다.

중앙고등보통학교 중퇴생인 조홍제는 중등학교 졸업장이 없어 대학 입학시험 자격을 갖추지 못하였다. 중국 용정중학교에서 발행한 가짜 졸업증명서를 제출하고 1927년 9월 일본 와세다공업전문학교 기계과에 시험을 보았다. 중앙고보 재학 시 성적이 우수하였던 조홍제는 쉽게 합격하였다.

기계 기초를 배우면서 다른 학문의 기초도 중요하리라 생각하고 1928년 4월 일본대학 야간 전문부 정치경제과에 또 입학을 하였다. 주간에는 전문학교 기계과 공대학생, 야간에는 전문부 정치경제과 학생으로 하루 10시간씩 수업을 받고 공부를 하였다.

1) 만학도 조홍제

일본에서 동고동락한 유학생과 함께 한 조홍제(우측 첫 번째). 〈조홍제 회고록〉

조홍제는 만학도였지만 공부가 싫증이 나지 않았다고 회고하였다. 그리고 공부에 대한 소질이 있음을 스스로 인정하고 일본의 유명한 대학 학부를 정식으로 졸업하겠다는 마음을 가졌다.

조홍제가 입학한 일본대학 야간 전문부는 정식 과정이 아니었다. 그래서 조홍제는 1928년 9월 일본 가마쿠라(겸창)중학교 4학년에 다시 편입하여 중등과정을 끝낸 후 정규과정의 대학 입학자격을 획득하였다.

1929년 겸창중학교를 졸업하고 와세다대학 이공학부에 응시하였지만 불합격되었다. 시름에 빠져있던 중 지인으로부터 일본 호세이대학 경제학부는 독일경제학을 정통으로 공부할 수 있다고 소개를 받았다. 이공계가 아닌 경제학이었지만 흥미가 있을 것 같아 시험에 응시하여 합격하고, 1929년 4월 비로소 정규과정의 일본 대학생이 되었다.

2) 자부심을 키운 일본 유학 생활

조홍제의 일본 유학생활 이야기이다. 조홍제는 집 한 채를 전세 내어 친구 4명과 함께 자취를 하였다. 조홍제는 함께 지내는 집 건물에 "동방예의지국에서 온 젊은이들이 여기서 공부를 하고, 조국으로 돌아가 꼭 필요한 인재가 되자. 동방의 별 즉, 동방명성(東方明星)이란 자부심을 가지자"라고 하였다. 이렇게 하여 일본에서 자취하는 집을 '동성사(東星舍)'라고 하였다. 친구 간에 서로 뜻이 맞아 4년을 함께 보냈다.

경남 출신 동경 유학생들은 일이 있을 때마다 동성사에서 모임을 하면서 동성사는 자연스레 서부 경남 유학생회 본부 격이 되었다.

조홍제는 처음 동경에 유학을 와서 방을 구하지 못할 때 일시적으로 머물다 집을 구해 나가는 것에도 도움을 주는 등 후배들에게는 늘 큰 형님 역할을 하였다. 조홍제 회고록에는 당시 일본에 유학 오는 학생은 네 가지로 분류되었다. 첫째, 독립운동을 위한 유학파, 둘째, 경제적인 여유가 있는 자제들의 문학과 예술을 전공으로 하는 낭만파, 셋째, 공부밖에 모르는 면학파, 넷째, 고학파 등이다. 동성사는 면학파와 고학파의 산실이었다.

조홍제가 일본에서 자취한 건물과 비슷한 형태의 건물로 알려져 있다. 〈조홍제 회고록〉

3) 일본 호세이(법정)대학 독일경제학부 입학

당시 일본 호세이(법정)대학 경제학부는 일본 명문자제들이 많이 다녔는데 일본 사회는 물론 학교에서도 조선 사람들을 무시하는 경향이 있었다. 그러나 조홍제는 같은 학생이라도 나이가 5~6세 많았고, 교수도 조홍제를 격려하자 학생들도 함부로 무시하지 못하였다.

조홍제는 공부도 잘하였다. 일본에 사는 조선인 학생으로 일본인과 경쟁할 수 있는 유일한 수단은 공부뿐이었다. 조홍제는 학교에 다닐 때 일본 학생 모자를 쓰지 않았다. 4학년 때는 신사복에 중절모를 쓰고 다녔다. 스스로 동기보다 연장자이기 때문에 그러하였다.

이 시기 일본은 산업의 발달로 상업과 공업 등 산업계가 활성화되는 시점이었다. 상인도 우대를 받고 있었다. 반면에 우리나라는 대학을 마

일본 호세이(법정)대학 유학 시절 조홍제(우측 두 번째 중절모 쓴 사람). 〈조홍제 회고록〉

호세이(법정)대학 경제학부 졸업 기념 친필 서명, 붉은 색 안이 조홍제 서명으로 필체가 정갈하다. 〈조홍제 회고록〉

치고 나오면 판사, 검사 시험을 보거나 관리, 교직 진출이 일반적인 현상이었다.

4) 졸업, 교수냐 사업이냐
양반 집안이 상업에 종사하는 것에 대한 인식이 좋지 않았던 시기이다.

4학년 졸업 시기가 다가오자 조홍제의 지도교수는 학문적 능력과 성적을 고려하여 대학원 진학 후 교수가 되기를 요청하였다. 조홍제는 집안에 경제적 여유도 있어 돈을 벌어야 하는 상황도 아니었다. 교수가 되는 것도 좋을 것 같다는 생각을 가져보았다. 그러나 조홍제는 계속 공부를 할 경우 일본에 더 머물러야 하고 고향을 장기간 떠나 있어야 하기에 장손의 책임과 역할 등으로 결국 교수의 길을 포기한다.

일본은 특히 상공 분야가 발달 되었다. 조홍제 자신도 경제학을 배웠고 종조부께서 말씀하신 "부지런히 치산에 힘 쓰다 보면, 언제 무슨 큰일을 하고자 할 때, 그 일을 해 내는 데 큰 도움을 주리라"는 가르침이 떠올라 학자의 길보다 실업계로 나가기로 결심을 한다. 그러나 졸업 후 고향에 돌아온 조홍제에게 아버지는 "너는 장손으로 고향에서 일을 하여라. 서울까지 먼 곳은 안된다"라고 하시면서 사업에 대한 꿈을 원천 차단시켜 버렸다.

東方明星

晩悟

조홍제의 동방명성 친필
휘호. 〈조홍제 회고록〉

조홍제가 1929년부터 1935년까지 공부한 일본 호세이대학.

5) 수학 천재 조홍제의 성냥개비 계산법

조홍제의 경영 중 특이한 방식 3가지가 있다.

첫 번째는 성냥 회계 경영이다.

조홍제는 중앙고보 다닐 때 수학을 아주 잘하였다. 그래서인지 조홍제의 수학계산법은 특이하다. 조홍제식 계산 경영, 계수 경영이 있다. 이것은 계산기나 주판을 사용하지 않고 성냥개비로 계산을 하는 것이다. 본인만이 연구한 것으로 머릿속에는 주판을 연상하고 손가락 사이에 성냥개비를 이리저리 옮겨 꽂으면서 계산을 한다. 천만 단위 숫자를 계산한 후 직원들이 혹 틀리지 않았을까 의심스러워 전자계산기로 다시 확인을 해봐도 단 한 번도 틀린 것을 찾지 못하였다고 한다.

두 번째는 숫자 경영이다.

회사에서 회계 보고는 늘 골치 아픈 보고 중 하나이다. 조홍제는 회사의 중요한 결재를 할 때 모든 것을 숫자 중심으로 정리하여 보고하도록 하였다. 신규 사업에 진출할 때도 중간에 발생하는 변수까지도 숫자로 산정하도록 하였다. 조홍제는 회계사를 능가하는 숫자 감각을 가지고 있었던 것이다.

마지막으로 기다림 경영이다. 효성을 대한민국 대기업의 반열에 올려놓은 '동양나이론'이 탄생하기까지 많은 이야기가 있다. 조홍제는 공학과 경제학 전공의 엘리트 10여명을 뽑아 기획부를 조직하고 국내외 경제와 주요 유망 업종의 흐름을 분석하여 보고서를 작성하도록 하였다. 조급해하지 않고 기다린 결과 '동양나이론'이 탄생되었다. 이런 직원들의 노력이 모여 창업 10년 만인 1970년대 24개의 계열사를 가진 국내 재벌 순위 5위가 되었다.

8 _ 함안으로 돌아온
선비 지식인 조홍제

버리는 것이 얻는 것이요, 버리지 않는 것이 잃는 것이다.

조홍제는 1950~1970년대 당시 기업인 중에 최고의 학력을 자랑하는 엘리트 선비이자 경영인이었다. 일본 유학까지 가서 정규 대학을 졸업하였으니 지식인 중 경영인이었다.

1935년, 일본 호세이대학을 졸업한 직후 조홍제가 일본에서 가장 먼저 관심을 가지고 조사한 사업은 비료 사업이었다. 일본은 1927년 우리나라 흥남에 연간 10만톤 규모의 생산 시설을 갖춘 '흥남질소비료공장'을 설립하였다.

조홍제는 흥남질소비료공장의 한국 대리점을 개설하려는 계획을 가졌다. 이리저리 알아본 결과 이미 한국에 세 곳의 대리점이 있어 추가 개설이 불가능하다는 통보를 받았다. 두 번째로 조사한 사업도 역시 비료 사업 대리점 개설이었다. 조홍제는 비료 생산업체인 '만주화학'을 경영하는 동경 본사에 찾아가 한국에서 비료 사업 대리점을 하겠다고 계획서를 제출하였지만 끝내 대리점 계약을 체결하지 못했다.

① 조홍제가 어린시절 생활한 당시의 생가. 〈조홍제 회고록〉 ② 조홍제 생가 안내도 ③ 함안군 군북면 군북역 앞에 복원된 조홍제 생가 ④ 부자 기를 받으려는 방문객이 담장 너머 조홍제 생가를 보고 있다. 〈이래호〉

1) 고향 함안으로 돌아온 조홍제

졸업 후 일본 현장에서 사업 대상을 찾고 있을 때 고향 함안에서 장손이 급성폐렴에 걸려 위독하니 급히 귀국하라는 연락을 받았다. 당시 한국의 의료기술은 낙후된 상태였고, 특히 군 단위의 시골은 더더욱 의료 혜택은 기대할 수 없는 곳이었다. 마산(지금의 창원)에서 의사를 모셔오고 극진한 치료와 간호에도 장남을 잃는 슬픔을 겪었다.

조홍제는 회고록에서 "이때 장남의 일로 귀국하여 해방까지 청춘이 가장 왕성한 시기에 좁은 함안 군북에서의 생활이 무척 아쉬웠다. 아울러 대학 졸업 후 일본의 공업 도시와 농촌을 두루 살펴보았다면 내 인생의 과정이 달라졌을 것"이라고 하였다.

조홍제는 고향에 있는 동안 사업 대상을 찾아보기 위해 마산, 부산, 진주 등 인근 도시를 다녔다. 그러던 중 부산에 종합 무역회사인 일본 미쓰이물산 경남 대리점을 개설

한 것을 알게 되었다. 그러나 처가가 있는 진주를 비롯하여 경남 서부 지역은 아직 미개척지였다.

조홍제가 관심을 가지고 부산지점장을 만나 서부 지역 대리점 개설을 요구하였다. 마침내 미쓰이물산과 협의가 잘 되어 부푼 꿈을 안고 집으로 돌아왔다. 부친에게 과정을 설명하고 대리점 개설 허락을 요청하였다. 하지만 아버지는 단호히 "절대 안 된다"라는 한마디를 남겼다.

2) 장남은 장사하면 안 된다

주식회사 설립, 대리점 경영 등은 그 시기 신사업이었다. 부친이 친구의 권유로 주식을 샀다가 도산하여 손해를 본 과정을 뒤늦게 조홍제가 알았다. 경영에 대한 경험도 부족하고 전문 지식도 없이 '일본인이 하는 회사가 잘 되니까 회사 세우면 잘 될 것'이라는 감언이설에 부친이 몇 번의 피해를 본 것이다.

그러나 부친이 사업을 하는 것에 허락하지 않는 더 큰 원인은 장손인 조홍제가 집안을 이끌어 주기를 바라는 마음이었다. 조홍제가 부모의 슬하를 떠나 13년의 객지 생활을 하는 동안 어느새 부친도 원로하여 건강까지 좋지 않은 상태였다.

미쓰이물산 대리점을 함안 군북에 개장하기에는 도시가 너무 작았다. 결국 마산이나 진주에 세워야 한다. 그러면 또 아버님을 모시지 못할 형편이고, 도저히 고향을 떠나 사업을 할 수 있는 여건이 아니었다. 조홍제의 첫 사업 구상은 이런 이유로 한동안 중단되었다.

3) 미래 경제를 예측한 조홍제

조홍제와 구인회, 이병철 세 사람의 창업 과정에는 공통된 특징이 있다. 그것은 경제에 관한 감각과 남다른 미래 예측 능력이었다. 세 사람의 창업 과정을 정리해 보았다.

구인회와 이병철은 국민의 1차 필요 품목인 옷과 정미 사업을 하였다. 구인회가 생선과 과일 등을 판매할 때 이병철도 밀가루와 국수, 사이다, 정종 등을 만들어 판매를 한 적이 있다. 두 사람은 운송 사업도 하였다. 그리고 이병철은 마산에서 대구로, 구인회는 진주에서 부산으로 가서 무역업을 하였다.

구인회가 규모가 제법 큰 락희화학공업사를 경영할 때 이병철은 제일제당을 설립하였다. 이병철이 제일모직을 설립하자 구인회는 금성사를 설립하였다. 그리고 호남정유를 설립하자 이병철은 한국비료를 설립하면서 한국경제를 이끌어 나갔다.

구인회와 조홍제의 공통점을 찾아보면 첫 사회생활과 경제활동은 고향에서 각각 '협동조합' 관련 일을 하였다. 조홍제의 경우 일본 유학과 정규 대학 학업을 위해 늦은 나이에 귀국하여 사업시작은 이병철, 구인회 두 분의 창업주 보다 많이 늦다. 함안에서 협동조합장과 도정 작업, 농협 관련 일을 하는 군북산업 주식회사 경영, 철 가공기업 육일공장소 경영 등 큰 규모는 아니지만 기업 경영의 경험도 축적하였다. 하지만 조홍제는 1930년대 일본에서 대학을 졸업하자 비료 사업의 필요성을 알고 '흥남질소비료 공장'과 '만주화학' 등 비료 관련 회사를 찾아다녀 대리점이나 지사 개설을 추진한 기록이 있다.

역사에는 가정이 없다고 한다. 하지만 역사는 결론을 가지고 과거의 사실을 검증하기도, 추측하기도 한다. 조홍제의 추진력으로 볼 때 1930년대 당시 비료 대리점을 개설하였다면 성품으로 보아 10년 후쯤인 1940년대 고향 함안이나 인근 마산, 진주에 흥남질소비료 공장을 능가하는 아시아 최대규모의 큰 비료 공장을 직접 세웠을 것이다. 한국 경제의 앞날을 예측하고 1930년대 비료의 필요성을 절실히 판단한 조홍제의 혜안을 엿볼 수 있는 활동이었음을 알 수 있다.

4) 종합상사

미쓰이(三井)물산은 1876년 세워진 일본을 대표하는 종합상사이다. 1894년 청·일 전쟁 후 중국에는 산동성 영구시, 북경시, 하문시, 광동지역, 그리고 조선에는 경성, 인천에 지점과 출장소를 개설하였다. 1904년 러·일 전쟁 후에는 중국 심양, 장춘 등 동북지역을 중심으로 지점을 늘려갔다. 국제 외교 관계 진행이 그러하듯 미쓰이물산이 먼저 대리점이나 출장소, 지점을 설치하고 영업을 한 후 지역에 정착이 되면 다음 단계로 영사관이 설치된 곳이 많았다.

미쓰이물산도 우리나라에 처음에는 대기소를 설치하였고 규모가 커지면서 출장소로 개칭하였다. 그 후 경성(서울)의 업무 범위가 늘어나자 1909년에 지점으로 승격하여 운영되었다. 지방에는 인천, 부산, 군산 등 각 항구도시를 중심으로 출장소를 설치하였다. 그 이유는 수로 운송을 통한 물자 수출입이 용이하였고, 항구도시가 대부분 인구가 많은 큰 도시를 이루고 있었기 때문이다. 아울러 일본의 조선 통치 기관도 항구도시를 중심으로 우선하여 설치되었기 때문에 일본 정부의 민관 합동 관계는 잘 협력되었다. 조홍제가 일본 유학 후 찾아갔던 미쓰이물산 경남대리점이 부산에 개설된 것도 이러한 배경으로 연결된다.

9 __ 조홍제,
선비보다 상인의 길을 가다

모두가 외면하는 시기 고독감,

이 고독과 사색 속에서 사람은 정신적으로 성장하고

때로는 철인이 되기도 한다.

"홍제 아재, 이것 좀 봐주이소, 우리 논 측량이 잘못되었는데 쌀 수
확량을 더 달라고 합니더."

"홍제 아우, 우리 집 애가 서울 중등학교에 입학하려는데 어떻게 해
야 하노?"

마을에 어떤 일이라도 생기면 주민들은 유학까지 다녀온 조홍제를
찾았다. 주민들의 금융, 농토, 교육 문제 등을 상담하다 보니 자연스

조홍제의 고향 함안군 전경. 〈함안군청〉

레 군북면의 중심인물로 통하였다. 이를 토대로 1936년부터 해방되던 시기까지 임기 3년의 군북금융조합장에 세 번이나 당선되어 9년간 재직하였다. 동아일보는 1940년 4월 19일 조홍제가 군북금융조합

군북면사무소 옆에 세워진 조홍제 송덕비. 조홍제는 국가와 사회에 기여한 부분이 많음에도 국민들에게 덜 알려져 있다. 〈이래호〉

장으로 당선되었다는 소식을 신문기사로 보도하였다.

조홍제는 조합장 재직 중에도 반일 저항 의식을 강하게 드러낸 적이 한두 번이 아니었다. 대표적인 것이 조합원의 농지는 어떠한 어려움이 있어도 일본인의 손에 넘기지 않는다는 기준을 가지고 일 처리를 하였다. 군민들에게는 칭송을, 일본인 관리에게는 눈엣가시였다.

조홍제는 일본에서 공부를 하였고, 일본인 지인도 많아 마음만 먹으면 일본편에 서서 얼마든지 출세할 방법이 많았다. 그러나 조홍제의 생각은 언제나 일본에 협조해서는 안 된다는 확고한 신념을 가지고 있었다.

1) 흔들림 없는 애국 신념

일본은 1940년이 되자 젊은이들을 전쟁에 동원하기 시작하였고 물자와 산업통제를 하는 등 모든 것을 전시 체제로 전환하였다. 조홍제가 조합장이자 지역 유지로 마을의 중심적인 위치에 있자 일본 관료들은 이 고장에서 가장 신망이 있으니 면장이 되어주길 요청하였다. 금융조합장 일과 장손으로 집안일 때문에 곤란하다고 하였지만 일본 관료들은 비상근인 의용소방대장을 맡아달라고 하는 등 끊임없이 일

자력갱생을 내세운 1930년대 금융조합 포스터. 〈조흥제 회고록〉

본 식민지 정책과 전쟁을 수행하기 위한 어용단체의 지도자 요청을 하였다.

일본 관료들의 요청에 몇 번이나 거절했더니 일본 경찰은 결국 조흥제를 요시찰 인물로 지정하였다. 경상남도 당국의 고등계 형사들이 수시로 조흥제를 찾아와 일본에 협력하지 않는 것에 시비를 걸고 꼬투리라도 잡으려고 괴롭혔다.

일본의 전세가 점점 불리해지자 일본의 통치는 갈수록 극에 달하여 조흥제도 계속 거절할 수 없는 상황에 이르렀다. 고등계 형사들의 불시 방문도 피하고 또 할 만한 사업을 찾아보고자 진주, 대구 등 큰 도시에 가 보았지만 일본의 통제 전시 상황에서 할 만한 사업을 찾지 못 하였다.

2) 군북산업 주식회사 경영

군북산업조합은 농업협동조합의 금융 업무를 제외한 농협 관련 업무를 취급하였는데 도정 작업인 정미업과 농산물 판매업, 문화 업무 관련 일을 하는 조합이다. 군북산업조합이 경영의 어려움으로 인수자를 찾고 있다는 소식을 듣고 1942년 조흥제가 인수하여 명의를 변경하고, 이름도 '군북산업 주식회사'로 바꾸었다. 이렇게 회사를 차리고 상근하여 일을 하니 일본 관료도 더 이상 단체장의 요청을 하지 않았고, 고등계 형사의 요시찰에서도 벗어날 수 있었다.

군북산업 주식회사 경영은 일본의 감시를 벗어나기 위한 것이 목적이었지 이 회사를 통하여 생계를 유지할 목적은 아니었다. 하지만 거금 3만4천원이 투입된 회사인 만큼 직원 월급도 줘야 하기 때문에 도정 작업 외에 가마니 제작, 새끼 꼬기, 비료 취급 등으로 많은 수입은 아니지만 해방까지 무난하게 흑자 경영을 유지하였다.

조홍제는 처음으로 회사 경영을 통하여 세상의 흐름과 인력 관리, 물품 관리 등 많은 경험을 쌓게 되었고, 훗날 사업할 때 이때의 경험이 큰 보탬이 되었다고 하였다. 그리고 더 기쁜 것은 이 일로 인하여 민족 반역자나 일제 협력자라는 낙인이 찍히지 않은 게 다행스러운 일이었다고 회고록에서 밝혔다.

창원 상공회의소 자료집에 이곳이 조홍제가 일본에서 귀국 후 경영한 군북산업 주식회사로 되어 있다. 그러나 문서로 검증은 확인이 되지 않고 있다. 현재 군북면 우체국 맞은편이다. 〈이래호〉

군북면 우체국 앞 도로는 군북역과 연결되는 가장 번화한 거리였었다. 〈이래호〉

3) 효성, 작명의 배경에는

효성, 삼성, LG(럭키금성)그룹 이름에는 우연의 일치이지만 '별'이 들어가 있다. 구인회는 영어 Gold Star를 한자어로 전환하면서 Gold

는 금(金), Star는 별(星)로 조합하여 금성(金星) 표기를 한 것이 회사명이 되었다. 이병철은 '3'이라는 숫자가 뜻하는 안정과 완벽의 의미에, 별처럼 더없이 빛나기를 바라는 의미에서 3개의 별, 삼성(三星)이라 하였다.

조홍제가 군북면 금융조합장에 당선된 내용. 〈동아일보 1940년 5월 19일〉

효성(曉星)이라는 이름은 어떻게 지었을까?

효성의 뜻은 새벽별, 동틀 무렵의 별이다.

조홍제는 유학 시절 가슴에 새겨온 동방의 별(東方明星)이 되자는 좌우명을 토대로 회사의 이름을 정하였다. 이병철 회장과 동업 관계를 청산한 조홍제가 1962년 9월 15일 첫 사업을 추진한 주력회사 이름은 '효성물산'이었다. 효성이라는 사명이 이때 처음 나온 것이 아니다. 1957년 조홍제가 제일제당과 제일모직에 근무할 당시 정부의 달러 공매에 참여하기 위해 조홍제를 대표로 하는 '효성물산'이라는 무역회사를 설립하여 가지고 있었다. 정부 입찰에 몇 번 참가한 후 그대로 방치되었다가 삼성그룹과 결별하고 독자 사업을 할 때 본인 명의의 회사를 그대로 가져와 '효성물산 주식회사'로 시작하였다.

효성그룹 산하 계열사에 '동(東)'자나 '성(星)'자가 많이 들어있다. 조홍제는 어려서부터 별을 좋아하였다. 일본 유학 시절에는 자취생 숙소 이름을 동성사(東星舍)로 하였다. 동성은 민족의 앞날을 밝게 비추는 동방의 별이다.

민족의 앞날을 밝게 비출 동방명성(東方明星)을 꿈꾸어 온 조홍제는 동양의 별이 되고자 '동성(東星)'이라는 이름을 늘 생각하고 있었다.

'동방명성'은 샛별이란 뜻이고, 샛별은 동쪽 하늘 새벽에 매우 밝게 보이는 별로, 금성을 다르게 부르는 이름이다. 또한 매우 귀한 존재라는 의미로도 비유된다. 이 이름을 가지고 '동성물산 주식회사'라는 법인 설립을 위해 등기를 하러 갔지만 동성이라는 법인 이름은 이미 등록이 되어 있었다. 당시에도 법인 이름이 동일하면 그 상호를 사용할수 없었다. 동성으로 등록이 되지않자 조홍제는 동방명성의 의미를 '금성'이라고 부르는 것을 알고, 금성으로 등록을 준비하였다. 하지만 금성은 구인회가 경영하는 '락희화학' 계열사에서 이름을 먼저 사용하고 있어 사용할 수 없었다.

금성의 다른 이름 '계명'으로 등록된 기업도 있었다. 그러나 샛별의 또 다른 별 이름 '효성'이란 이름으로 등록된 회사는 없었다. 이러한 과정 끝에 조홍제는 무역회사 등록 이름을 '효성물산 주식회사'로 한 것이다.

효성, 삼성, LG(금성)의 회사 작명에 별이 들어간 것은 우연의 결과이지 약속된 것은 아니다.

4) 만우, 연암, 호암 호(號) 작명의 배경

만우(晩愚), 연암(蓮庵), 호암(湖巖)은 조홍제, 구인회, 이병철의 호(號)다. 연암 구인회와 호암 이병철의 호에는 한글 발음 '암' 자가 있어 의령 솥바위(정암)와 연관 지어 언론에 소개된 적이 있는데, 이는 잘못된 내용이다. 한자를 보면 다르다는 것을 바로 알 수 있다.

연암 구인회의 한자어 표기는 蓮庵으로 연꽃과 암자의 뜻이다.

호암 이병철은 湖巖으로 호수와 바위의 뜻이다.

만우 조홍제는 晚遇로 늦되고 어리석다 뜻이다.

조홍제는 자신의 호 '만우(晚遇)'를 스스로 작명하였다.

구인회는 15세, 이병철은 13세에 신식학교에 다녔는데 조홍제는 가장 늦은 17세에 중동학교 초등과에 입학하였다. 일본 유학을 간 후 30세의 늦은 나이에 대학 졸업을 하였다. 독자 사업도 당시 나이로 아주 늦은 56세에 시작하였다. 호 작명 시기는 독자 사업을 시작할 무렵이었다.

구인회는 지인들이 구인회하고 실명을 부르거나 구 회장, 구 사장이라는 호칭이 그렇게 편하지 않아 스스로 호를 작명하였다. 호 작명 시기는 플라스틱 공장 확장으로 부산 연지동에 이사 간 1954년 전후이다. 연지동 락희화학공업사 플라스틱 공장이 한창 성장해 나가는 시기였다. 구인회의 주택은 연지동이었고 집 뒤에 작은 암자와 연못이 있었다. 연지동의 연 글자와 연못 뒤 작은 암자를 인용하여 '연암(蓮庵)'으로 작명하였다.

삼성 이병철은 제일제당과 제일모직을 설립한 후 한국 경제계의 주목을 받을때였다. 1955년 11월 당시 대한상공회의소 전용순 회두(모임의 대표)가 이병철을 보고 이 회장, 이병철 회장 이름을 부르는 것이 어색하니 호를 하나 가지도록 권유하였다. 전용순 회두가 호수 마냥 맑은 물을 잔잔하게 가득 채우고 큰 바위 마냥 흔들리지 않는 준엄함의 뜻을 함축하여 '호암(湖巖)'이라 작명하였다.

10 _ 최초의 사업, 마산 육일공작소

몸에 지닌 작은 기술이 천만금의 재산보다 낫다.

해방이 되었다. 조홍제는 대학 졸업 당시 꿈꾸었던 기업경영을 실현하기 위해 군북산업 주식회사와 일부 농토를 매각하여 자금을 확보한 후 1945년 11월 서울로 갔다. 불혹의 나이가 된 조홍제가 사업을 하기 위해서였다.

이 시기 이병철은 대구에서 주식회사 삼성상회와 조선양조를 왕성하게 경영하고 있었다. 이를 토대로 대구의 경제인 모임인 을유회 활동과 대구민보를 공동 인수하는 등 대구의 영향력 있는 경제인이었다.

구인회 역시 진주에서 포목점을 정리하고 더 큰 사업을 위해 부산에서 조선흥업사를 설립한 시기였다.

조홍제가 눈으로 본 해방 후 한국 사회와 서울은 무질서의 혼란과 비정상적인 상거래 등으로 기업을 시작할 수 있는 환경이 아니었다. 조홍제는 다른 일을 하면서 조금 더 서울 사회에 적응한 후 사업을 하기로 하고 먼저 중앙고등보통학교 재학 때 스승인 인촌 김성수를 찾아갔다. 조홍제는 김성수에게 육영사업을 하고자 중학교를 추천해 주면 운영해 보겠다고 요청을 드렸다.

김성수는 "지금 해방된 우리나라에서 시급한 것은 생산을 하는 기업이다. 자네는 유학까지 가서 경제학을 전공한 엘리트 아니냐. 기업을 일으켜 세워 국민 복리를 위하여 일할 자네가 교육계에 와서는 안 되네"하고 거절하였다. 조홍제는 다시 고향으로 내려가 2년을 보낸 후 나이 40이 되던 1947년 "내가 이렇게 좁은 고향 땅에서 보낼 수 없다." 굳은 결심을 하고 가족을 데리고 서울 명륜동 4가에 미리 마련한 거처로 이사를 갔다.

1) 때가 왔다, 가자 서울로

서울은 2년 전보다는 사회가 많이 안정된 것 같았고, 이제는 무엇이라도 할 수 있다는 자신감도 생겼다. 조홍제는 본격적인 사업 진출을 위한 자신만의 기준을 확실히 가지고 있었다.

(1) 특별한 기술이 없어도 가능하여야 한다.

(2) 원자재의 구입이 어렵지 않아야 한다.

(3) 기술자의 구인난을 겪지 않는 업종을 우선 추진 사업으로 한다.

(4) 사업의 실제 진행 방식은 주도면밀한 시장조사를 한 후 철저한 기획을 한다.

(5) 사업 진행 중 문제가 발생하면 어떻게 대처할지 대안까지 예측하여 준비한다.

조홍제는 감각이 아닌 철저한 분석과 대안을 준비한 후 사업을 진행하는, 독일경제학을 공부한 엘리트의 면모를 유감없이 발휘하였다.

2) 사업을 하자, 조홍제식 시장 조사

조홍제가 사업을 추진하기 전에 아주 철저하게 사전조사를 한 몇 가지 사례이다. 토건업 시장조사 내용이다. 장점은 수익성, 장래성은 좋다. 단점은 공사비 지불이 늦어지면 상당한 시간 장기투자를 요구하여 회사의 재정 부담이 크다. 결론은 초기 투자비용이 많고 위험부담이 커 진행하지 않는다.

다음은 생산업 분석 내용이다. 장점은 제품을 생산할 경우 소비는 충분히 가능하다. 단점은 생산업은 공장을 건립하여야 하고, 중간에 다른 업종으로 전환이 힘들다. 사회가 혼란스러워 종업원이 정상적으로 조업할 수 없는 상황이 올 수 있다. 결론은 지금 진행할 시기가 아니다.

세 번째로 분석한 것은 쇠붙이 즉, 철 가공사업이다. 장점은 해방 후 물자가 귀한 시기라 생활에 필요한 제품이다. 재료 공급은 먼저 철을 구입하고 녹여서 여러 가지 생산품을 만들 수 있다. 단점은 창고 확보가 필요하고 자재 운반의 어려움이 있다. 결론은 철을 녹여 쓰는 용광로 사업은 가능성이 높다고 판단하였다. 마침내 조홍제는 철 가공사업에 먼저 진출하기로 하였다.

3) 첫 사업, 마산에서 육일공작소 철 가공업 참여

철 가공업체를 두루 물색한 조홍제는 공장을 설립한 후 진출하는 것보다 기존 업체를 인수하거나 공동 경영하여 위험을 줄이겠다는 계획을 가졌다. 조홍제는 마산에서 큰 규모로 운영하는 철 가공업체인 '육일공작소(육일공업 주식회사라는 기록도 있다)'를 소개받았다. 육일공작소 자산평가를 한 후 자본금의 20%인 210만원의 현금을 출자하여

1946년 8월 철 가공사업에 진출한 것이 조홍제의 해방 후 첫 사업이다.

실제 철 가공사업을 해보니 신제품 개발의 곤란, 판매 시장의 협소 등으로 과감한 변화를 하지 않으면 지속적인 사업 대상이 되지 못하다는 것을 알게 되었다. 조홍제는 마산에서 철 가공공장을 공동 운영하면서 판매 시장은 인구와 소비가 많은 서울로 결정하고, 서울과 마산을 오가면서 철 가공사업에 전력을 다하였다.

이렇게 사업에 열정을 쏟고 있던 중 1947년 5월, 이병철이 서울 혜화동으로 이사를 와 인사차 조홍제 집을 방문하였다. 조홍제와 이병철이 1947년 만나기는 했지만 바로 사업을 시작한 것은 아니다. 이병철이 삼성물산공사를 공식으로 설립한 해가 1948년 11월이다.

사실 조홍제의 첫 사업을 군북산업 주식회사로 볼 것인지, 마산 육일공작소로 하여야 할지 좀 더 심도 있는 토론이 필요하다. 필자는 군북산업의 경영은 농업협동조합 위탁 업무 수행이 많아 조홍제의 직접적인 경영 회사라고 보기에는 부족한 점이 많이 있다고 생각한다. 해방 후 공동 경영한 철 가공업체 육일공작소 경영을 첫 사업으로 보는 것이 더 설득력 있다는 판단이다. 그러나 반대 의견으로 육일공작소

1960년대 지금의 마산 해양 신도시 매립지 앞 풍경. 우측 원 안이 돝섬이다. 공장 굴뚝 주변이 마산 육일공작소가 있었던 곳으로 확인되었다. 〈조홍제 회고록〉

는 조홍제가 책임 경영을 한 것이 아니라는 주장에 설득력 있는 대응이 사실 부족하다. 쉽게 결론을 내리기 어려울 것 같다.

그러나 조홍제의 첫 사업장이 마산이든 함안이든, 구인회도 진주에서 포목점을 하였고, 이병철도 마산에서 정미소사업을 하였으니 세 사람의 첫 번째 사업지는 마산과 진주로, 혹은 마산, 진주, 함안으로 모두 경남인 것은 분명하다.

2022년 8월, 창원상공회의소 100년사 자료를 통해 조홍제가 운영하였던 군북산업 주식회사 위치를 알게 되었다. 상공회의소 자료에 따르면 지금의 함안군 군북면 우체국 맞은편 2층 건물이다. 건물등기부 등본, 폐쇄등기부 등본을 통해 검증을 시도해 보았지만 해방전의 기록이 없어 사실 증명이 무척 어려워 조홍제가 경영한 군북산업 건물인지 결론은 아직 내리지 못하고 있다.

〈조홍제의 첫 사업장 판단 기초자료〉

구 분	군북산업(주)	육일공작소(육일공업(주))
참여연도	1942.8	1946.8
형 태	단독 운영	공동 운영
업 태	정미업, 농산물판매, 농민문화업무	철가공 제작 및 생산
투자금액	3만4천원	210만원/지분 20%
직 책	사장	공동 경영자
사업장 주소	함안군 군북면	마산시(현 창원시)

4) 육일공작소 공동 경영인 후손을 만나다

조홍제가 공동 경영한 철 가공회사 이름은 마산(현 창원) 육일공작소이다. 이곳 사장은 고성군 마암면 장산의 선비 출신 '허준'이다. 한국의 아름다운 숲으로 유명한 '장산 숲'을 세운 조선 후기의 명문가 집안의 후손이다. 설립자의 친손녀는 '허영' 여사로 남편은

고성군 마암면 장산리에 있는 장산숲 풍경. 〈이래호〉

판사 출신으로 5선의 국회의원과 국회부의장을 지낸 한국 정치계의 거목 이주영 전 해양수산부 장관이다.

필자가 조홍제의 첫 사업장을 찾기 위해 해방 후의 기업 자료는 물론 마산의 대형 철 가공업체를 탐문하기도 하였다. 이러한 과정을 통해 설립자의 친손녀 허영 여사를 알게 되었고, 육일공작소와 관련한 많은 자료를 취재할 수 있었다. 가장 큰 수확은 조홍제의 회고록에서 밝힌 첫 사업장 육일공작소 터까지 찾게 되었다.

허영 여사의 어머니이자 이주영 전 장관의 장모인 '윤숙경' 여사는 진주여자고등학교를 졸업하고 '다섯평의 유산'으로 널리 알려진 수필가이다. 이 책 2회에서 소개한 함안 고려동의 불사이군 '이오'의 후손 집안 며느리이다. 이주영 전 장관의 부친은 대한민국 추상 조각의 선구자인 창원 소답동 '김종영 생가'에서 생활하면서 학교를 다녔다는 사실도 알게 되었다.

"종가의 어머니는 뜨거운 물을 버릴 때에도 함부로 마당에 버리지 않았다. 무심한 잔디에도 생명이 있기 때문이다." 고성군 '도연서원' 설립자의 후손으로 유학의 가르침을 올바르게 배우고 실천한 허영 여사의 한마디가 귓가에 생생하다. 조홍제 효성그룹 창업주의 인연과 이야기가 현재까지 많은 분들이 직·간접 연결되고 기억하고 계신 분들이 있어 이러한 자료들을 기록으로 남길 수 있음에 감사

함을 가진다.

5) 관광 스토리 빌딩, 육일공작소 현재의 위치

해방 후 신마산에 있었던 육일공작소의 터는 허영 여사와 친족들의 육성 증언을 통해 현장 확인이 되었다. 그러나 당시의 건물 흔적은 사라져 옛 모습은 없다. 지금이라도 '조홍제 효성그룹 창업주 첫 사업장' 안내판이 세워졌으면 하는 바람이다. 대한민국 경제사에 의미 있는 장소이기 때문이다.

조홍제의 육일공작소, 함안의 군북산업 주식회사, 이병철의 마산 협동정미소와 마산 일출자동차 운송회사, 구인회의 진주 포목점 등은 역사성과 스토리와 관련된 기록이 풍부한 창업주의 첫 사업장이다. 그리고 첫 사업장 터와 함께 함안, 의령, 진주에 있는 창업주 생가도 대한민국 경제 역사 흔적지로 개발하여 경제 교육은 물론 경제 관광 자원화하여 전 세계에 알려지기를 기대한다. 그만큼 가치 있는 경제 문화유산이기 때문이다.

) 1940년대 후반 육일공작소 터가 있었던 마산 풍경, 우측 하단에 '철'이라는 간판이 보인다. 이 길 끝이 제일
고 정문과 연결된다. 〈조홍제 회고록〉 ② 육일공작소 터 주변의 현재 풍경. 〈이래호〉

11 __ 조홍제, 구인회, 이병철의
씨줄 날줄 인연

어떤 일을 추진하면 문제가 발생한다.

어떤 것이 발생할 것인지 미리 순서를 예측하고 늘 준비하고 있어야

시간을 단축 할 수 있다.

2020년 1월 중순, 교사 20여명과 함께 중국 서안 지역 역사 현장을 견학하고 귀국하였다. 이날 코로나-19가 전파되었다는 뉴스가 시작되었다. 날이 갈수록 보도 내용이 심각해졌다. 2월이 되자 2020년 상반기 예약된 여러 건의 중국 문화 탐방이 모두 취소되었다. 코로나-19는 이렇게 개인에게도 적지 않은 영향을 주었다.

진주시 지수면에 있는 구 지수초등학교에 K-기업가정신센터 설립 관련 보도가 나왔다. 기사의 보도 내용에 내가 알고 있는 사실과 다른 게 있었다. 어! 왜 이렇게 보도되었지?

1) 창업주 세 분을 연구하게 된 배경

경남개발공사 관광본부장 재직 시 2014년 12월 14일부터 19일까지 부자 기 (氣) 받기 관광 일정을 만들어 중국 서안, 정주에 홍보를 하였다. 이때 모아둔 관련 자료가 있어 창업주 세 사람의 기록을 꼼꼼하게 다시 살펴보았다. 코로나19로 정지된 시간을 창업주 세 분의 연구에 많

은 비중을 두었다.

아는 만큼 어느 것이 사실이고, 어떤 내용이 오류인지 구분이 되었다. '위기를 기회로, 더 늦기 전에, 관련된 기억을 기록으로, 오류는 문서로 증명을 하자'라는 거창한 목표 설정도 하였다. 이런 기록은 책상 기록이 되어서는 설득력이 없다고 판단하고 많은 곳을 찾아 다녔고, 인터뷰도 하였다.

2022년 6월 28일 대구 인흥마을에 살고 계시는 문태갑 전 국회의원과 함께 식사할 기회가 있었다. 젊은 기자 시절 창업주 세 사람과 깃털같은 인연이라도 있는지 뜬금없는 질문을 하였다. "조홍제 회장께서는 회사 인감도장을 늘 양복바지 허리에 있는 비상주머니에 넣고 다니셨다"는 말씀도 들었다.

2022년 5월, K-기업가정신센터 강사로 참여중 경기도에서 참가한 한 교육생은 "솥바위를 자기 동네 강변에 옮겨 놓으면 부자가 탄생 할 것이다." 하면서 솥바위 가격을 묻는 질문도 하였다. 의령군에 솥바위 관련 자료를 문의하였지만 준비된 자료가 없어 필자가 직접 바위 폭과 둘레 길이, 면적을 조사한 시기도 2022년 6월 하순이다.

의령 이병철 생가에 있는 20개의 주련에 관해 방문객의 질문을 많이 받았다. 대한민국 최고의 한문학자인 '실재 허권수' 교수에게 의뢰하여 출처와 해석을 2022년 7월 7일 건네받았다. 방문객의 이해를 돕기 위해 호암 생가 홍보물에 인쇄물을 제공하려는 계획을 가지고 있다.

자료수집과 취재는 계속되고 있다. 가장 최근인 2022년 12월 12일 한낮의 별이라는 뜻을 가진, 럭키금성그룹 부품 공급 기업인 '오성사' 관계자를 통해 수집된 자료도 곳곳에 인용하여 기록에 남겼다.

이렇게 수집한 경남 출신 창업주 세 사람의 관련 자료는 현재까지 모두 원고지 분량 2,000매 정도 되었다. 경남신문 연재는 자료의 일부분이다. 자료수집과 기록은 앞으로도 계속할 것 같다.

2) 창업주 세 분의 관계 정리

조홍제는 유년시절 의령에 있는 이병철의 형 이병각과 교류를 많이 하여 자연스레 친구 동생인 이병철도 알게 되었다. 이병각은 진주에서 진주전분을, 마산에서 무학양조장 사업도 하였다. 이병각의 장인은 진주 수곡면 거유 하겸진이다. 조홍제의 장인 역시 진주 수곡면 출신으로 당대 지역에서 존경받는 선비 하세진으로 하겸진과는 친척이다. 조홍제는 해방 후 이병철이 1948년 11월 서울에서 설립한 삼성물산공사에 투자와 참여를 하면서 이병철과 동업의 길을 걸었다.

조홍제와 구인회의 관계는 1923년 동네 대항 축구 시합을 하면서 알게 된 사이이다. 그 후 1924년에 서울에 있는 중앙고등보통학교에 함께 입학하여 2학년까지는 서로 의지하며 아주 친하게 보냈다. 1926년 구인회는 2학년을 수료하고 자퇴를 한 후 고향으로 낙향하였다.

그 후 각자 사업을 하였지만 교류는 왕성하였다. 구인회 동생 구태회가 플라스틱 연구를 할 때 조홍제가 일본에서 도서를 구입해 주는 등 구씨 집안과 아주 절친한 관계로 지내왔다.

구인회와 이병철은 1922년 지수보통학교 3학년 1학기를 함께 공부하였다. 이병철이 생활한 매형댁이 구인회 본가와 옆집이라 일찍 결혼한 구인회가 의령에서 유학 온 이병철을 불러 함께 음식을 나누어 먹기도 하였다. 1957년 구인회의 3남 구자학과 이병철의 차녀가 결혼하여 두 사람은 사돈 관계가 되었다. 1960년대 두 사람은 방송사업 동업을 한 인연도 있다.

3) 창업주 세 분에게 가르침을 준 멘토

창업주 세 사람도 사업 초기에는 혹독한 실패도 겪었다. 어려운 시기에 시련을 이겨내고 성공하기까지 적지 않은 도움을 준 사람들이 많이 있다.

필자의 기준으로 세 사람의 멘토를 정리해 보았다. 구인회에게는 1930년대 진주 한약계의 거상인 원준옥 사장이 있었다. 평소 상공계에서 겸손하고 성실하게 활동한 구인회를 눈여겨본 원준옥 사장은 구인회가 홍수로 많은 피해를 입자 재기 자본을 아낌없이 지원하였다. 뿐만 아니라 마루니(丸二) 진주 화주운송 주식회사(마루니 운송회사 기록도 있음)를 함께 운영하는 등 구인회에게 소중한 역할을 하신 분이었다.

이병철은 마산에서 농지사업의 실패 후 대구에서 삼성상회를 설립하여 재기할 때 발판이 되어 준 분이 매형 허순구이다. 허순구는 진주에서 최초로 백화점을 운영한 거상이자 당시 연희전문학교 수물과(數物科)를 나온 엘리트였다.

〈창업주 세 분의 멘토〉

구분	관계	주요내용	비고
허순구	이병철 매형	대구 삼성상회 설립 초기 참여	진주 최초 백화점 경영
원준옥	구인회 지인, 동업	구인회 재기 지원	진주 한약계, 상공계 거상
하영진	조홍제 처남	국내, 국외 정세 조언	개화 지식인

조홍제는 처남 하영진을 "나의 가장 훌륭한 선생"이라고 스스로 밝혔다. 하영진은 진주 수곡면 출신으로 인촌 김성수, 허만정과도 교류를 하였다. 진주여자고등학교의 설립에도 지원을 아끼지 않은 신지식인으로 조홍제에게 국내외 정세와 개화 문명을 깨우쳐 주신 분이다.

4) 창업주 세 분과 GS그룹 허만정

창업주 세 사람과 따로 논할 수 없는 분이 지수면 출신 효주 허만정이다. 백산무역의 독립운동 지원과 진주 일신여자고등보통학교 등 신식학교 설립에 경제적 지원을 많이 하신 기업인이자 혁신가이다.

1946년 1월, 부산에서 무역업을 하던 구인회를 찾아가 "사돈이 하는 사업에 자금을 보태고 싶소. 그리고 내 셋째 아들 준구를 맡기겠소.". "준구야, 경영은 구씨 집안이 잘한다. 나서지 말거라"하는 명 가르침을 남겼다.

이것이 구씨와 허씨의 역사적인 첫 공동사업의 진행이다. LG와 GS로 분리하기까지 50년 넘게 불협화음이 없다는 것은 무엇으로 표현하랴.

허만정의 장남 허정구는 이병철이 서울에서 삼성물산공사를 설립할 때 이사로 참여하였다. 그리고 부산에서 삼성물산 주식회사와 제일제당을 설립 경영할 때도 허만정은 허정구를 보내면서 자본도 투자하였다. 이병철의 매형 허순구가 이웃한 집 허만정과 친척이라 자연스레 이병철과 허만정을 연결한 것으로 보인다.

많은 자료를 찾아보았지만 조홍제와 허만정과의 직접적인 교류나 기록은 찾지 못하였다. 그러나 조홍제의 처남 하영진은 허만정의 유

〈창업주의 관계〉

고집에 조카 관계로 기록되어 있다. 그리고 조홍제는 이병철이 서울에서 삼성물산공사를 설립 운영할 때 부사장이었고 허만정의 아들 허정구는 이사로 근무한 기록이 있다. 조홍제가 그 후 이병철과 삼성물산 주식회사, 제일제당 등을 설립하고 경영할 때 허만정의 장남 허정구가 임원으로 참여한 기록을 통해 조홍제와 허만정과 교류가 있었던 것으로 추측된다.

5) 창업주 세 분은 이런 인연도 있어

창업주 세 분의 오래된 인연을 정리해 보았다. 이병철과 구인회는 짧은 기간 이지만 지수보통학교 동창이었다. 1922년 3월부터 9월까지 3학년 1학기를 함께 공부하고 이웃집 친구로 서로 교류를 하였다(LG편. 18회. 구인회의 방송사 경영. 4) 사돈 관계가 된 구인회와 이병철).

구인회와 조홍제는 1924년 서울 중앙고등보통학교(5년제) 입학 동기생으로 2년을 함께 다녔다. 구인회는 2학년 수료 후 중퇴를 하였고 조홍제는 4학년 2학기 때 퇴학을 당하였다. 중앙고보 진학하기 전 축구를 통해 서로 교류를 하였고 중앙고보 진학을 하면서 더 절친한 친구가 되었다. 방학 때는 장시간 기차를 타고 함께 고향으로 왔을 것이다. 17세, 19세의 꿈 많은 학창시절 어떠한 대화를 나누었을까 궁금하기도 하다.

조홍제와 이병철도 학교 관계가 연결되는 것이 있다.

조홍제가 1922년 서울 중동학교 초등과 속성반에 2년을 다녔다. 그리고 1924년 중앙고등보통학교로 진학을 하였다

이병철은 1925년 서울 중동학교 속성과에 편입하여 1년의 초등과정을 수료하고 1926년 중동학교 본과(5년제)에 진학하였다. 그 후 1929

년 4학년이 되자 자퇴를 하였다.

조홍제와 이병철이 다닌 중동학교는 1906년에 설립된 학교로 지금의 서울 중동중학교로 이어지고 있다. 이병철의 형 이병각과 조홍제는 친구사이라 조홍제와 이병철은 어려서부터 인연이 시작되었다. 그리고 중동학교 동문의 인연, 삼성물산공사 동업을 시작으로 제일제당, 제일모직 설립까지 인연이 계속 이어졌다.

삼성그룹에서 1994년 6월, 이병철 선대 회장의 모교라 중동학원(중동중학교, 중동고등학교)을 인수하여 운영한 적이 있다.

6) 경남에서 전경련 회장 4명 배출

1961년 5·16 군사정변 후 국가재건회의는 한국경제인협회(현 전국경제인 연합회 전신) 설립을 추진하였다. 초대회장으로 삼성그룹 이병철 회장이 선출되었다.

그 후 세대를 뛰어 넘어 전경련 18대 회장(재임기간 1987~1989년)에 구인회의 장남인 LG그룹 구자경 회장이 선출되었다. 세 번째 경남 출신 전경련 회장은 조홍제의 장남 효성그룹 조석래 회장이 31, 32대 회장(재임기간 2007~2011년)에 선출되었다.

뿐만 아니라 LG그룹에서 분리한 GS그룹 허창수 회장이 33대 회장(2011~현재)에 선출되어 현재까지 계속 전경련 회장을 하고 계신다. 세 분의 창업주가 이루어 놓은 올바른 경영의 도(道)를 후대가 이어 받고 계승한 결과 경남 출신의 기업인이 설립한 삼성, LG, 효성, GS 그룹에서 연속하여 전경련 회장을 배출한 것이다.

12 __ 이병철과 동업,
삼성물산 설립 이야기

장사는 한 푼의 이익을 위하여 십리길도 마다 않고 간다.

그러나 신의를 버리면 안 된다.

장사는 돈보다 사람의 신의가 있어야 한다.

  해방이 되던 해, 조홍제는 서울에서 사업을 하기 위해 명륜동 4가 65-1에 거처를 마련해 놓았다. 이곳에서 생활하면서 육일공작소 고철 사업과 관련하여 서울과 마산을 오갔다. 1947년 5월 어느 날, 혜화동으로 이사를 온 이병철이 인사차 조홍제를 찾아왔다. 이병철도 서울에서 사업을 하기 위해 대구에서 경영하던 대구양조장을 지배인에게 맡겨두고 서울로 이사를 하였던 것이다. 두 집의 거리가 가까워 두 사람은 자주 만나 사업 이야기를 나누었다.

  미래와 현재를 예측한 두 사람의 대화가 있다. 조홍제는 고철 등 철과 관련된 사업이 한국의 장래에 필요한 사업이라 하였다. 이병철은 지금 우리 사회는 기간산업보다 생필품이 부족한 시기라 무역을 하여 생필품을 수입한 후 판매하는 것이 더 수익성이 높다고 하였다.

1) 삼성물산공사 부사장이 된 조홍제

조홍제는 1949년 11월 오징어 3만근(18,000kg)을 싣고 홍콩에 직접 가서 무신용장 거래를 국내 최초로 실현시켰다. 〈일러스트 김문식〉

1950년대 홍콩의 풍경. 〈조홍제 회고록〉

1948년 11월 삼성무역공사를 설립한 이병철은 조홍제를 찾아가 무역업이 혼자서 운영하기에 힘이 든다며 함께 일을 하자는 요청을 하였다. 이미 자본을 투자한 조홍제는 삼성물산공사의 사업 내용에 대해 관심도 갖고, 무역에 대해 기본 지식이 있어 제안을 받아들인다.

이렇게 시작된 것이 조홍제와 이병철의 첫 동업이다.

삼성무역공사를 설립하고 이병철은 사장을, 조홍제는 부사장의 직책을 맡았다.

삼성물산공사로 출근한 조홍제는 당시 무역 상대인 홍콩의 시장 견학과 거래처 사람들도 만날 겸 1949년 11월 출장을 갔다. 요즘은 비행기로 4시간이면 되지만 당시에는 화객선을 타고 부산에서 홍콩까지 꼬박 8일이 소요되었다.

2) 시작, 홍콩에 간 조홍제

조홍제는 홍콩의 거래처인 찬넬양행과 천우사, 그리고 교포 상인 임창복씨 등을 만났다. 당시 무역거래는 한국이 외환 보유액이 많지 않아 달러를 바로 주고 물건을 사는 것도 어려웠다. 그렇다고 외상거래도 하기 어려운 때였다.

조홍제는 출장 때 홍콩 시장에서 인기가 있던 한국산 오징어 3만근을 가지고 갔다. 이 오징어를 임창복씨에게 맡기고 가격이 적당할 때 팔아줄 것을 부탁하였다. 대신에 오징어 값을 담보로 하고 면사를 외상으로 가져갈 수 있게 요청하였다. 즉, 오징어를 주고 '면사'를 오징어 값만큼 바꾸어 가는 물물교환 형태의 무역이었다. 최초로 한국과 홍콩의 외상거래가 맺어진 것이다.

홍콩에서 가지고 온 면사는 한국에서 좋은 가격에 팔렸다. 해방 후 물자가 부족한 시기라 어떤 제품을 수입해 오더라도 국내시장에 내놓으면 판매가 잘 되었다.

3) 좌절, 6·25 전쟁으로 모든 것을 잃어버리다

삼성물산공사가 한창 성장하던 시기에 6·25 전쟁이 일어났다. 순식간에 서울이 적군의 통치하에 넘어가면서 보관하던 수입 물품의 보존이 문제가 아니라 생존이 더 위급했다. 해방 후 무역업을 통해 성장한 삼성물산공사는 전쟁의 영향으로 짧은 시간 모든 것을 잃어버렸다.

1950년 9월 28일, 서울이 수복된 후 조홍제는 삼성물산공사 임직원과 함께 6·25 직전 인천세관에 보관한 수입 설탕을 찾기 위해 동분서주하였다. 분실된 물품 일부를 찾아 인수하려는 사이 1951년 1월 3일, 다시 중공군의 참전으로 서울에 민간인 철수령이 내려지자 조홍제도 가족을 데리고 마산으로 피란을 갔다. 마산에는 육일공작소 경영을 하면서 마련해 둔 집이 있었기에 이곳에서 전쟁의 추이를 지켜보며 하루하루를 보내고 있었다.

4) 재기, 부산에서 삼성물산 주식회사 설립

1951년 4월경 이병철이 마산으로 조홍제를 찾아왔다. "이승만 정부가 전쟁 복구를 위한 민간무역을 재개시킨다고 하니 남들보다 빨리 부산에 가서 무역업을 다시 시작하자"라고 하였다. 두 사람은 곧바로 부산 동대신동에 '삼성물산 주식회사'를 설립하였다. 삼성물산 홈페이지에는 1951년 1월에 설립일로 기록되어 있어 약간의 차이가 있다.

6·25 전쟁이 일어나기 전 1948년 11월 서울에서 설립한 삼성물산공사의 자산은 전쟁으로 인해 소멸되어 버렸다. 1951년 1월 부산에 세운 삼성물산 주식회사는 조선양조 이익금과 전쟁 전 삼성물산공사의 사업으로 이루어진 홍콩 면실박 수출대금을 자본금으로 하였다. 면실박은 목화씨에서 기름을 짜내고 남은 찌꺼기는 사료로 사용한다.

이렇게 여러 자금이 모여지면서 회사의 지분 관계가 복잡하게 되었다. 이런 부분이 조홍제와 이병철이 동업 청산을 할 때 주요 쟁점이 된 것 같다. 전쟁으로 인한 생필품의 부족 현상은 물가의 폭등을 유발하였다.

삼성물산(주)가 수입하여 도매상에 넘긴 지 2~3일도 되지 않아 그

삼성물산공사와 삼성물산 주식회사는 오징어와 면실박, 고철을 수출하고, 면사 수입을 통해 초기 성장의 발판으로 삼았다.

가격이 몇 배씩 치솟는 시기였다. 우리나라에서 생산되지 않는 수입 물품 중 특히 설탕과 비료는 늘 부족할 정도로 잘 팔려나갔다.

5) 성장, 고철 수출로 또 한 번 도약하다

전란의 시기에 삼성물산(주)가 수출입을 통하여 또 한 번 큰 이익을 창출한 품목이 고철이다. 전쟁으로 많은 시설과 군사장비가 파괴되어 있었다. 이런 고철을 모아 일본에 수출을 하여 많은 외화를 벌어들일 수 있었다.

조홍제 역시 해방 이후 첫 사업을 마산 육일공작소에서 철 관련 일을 하였기에 고철에 관한 기본 지식도 충분히 있었다. 하지만 당시 일본에 대해 적대감을 가지고 있었던 이승만 대통령이 일본으로 고철을 수출하는 것에 승인을 하지 않아 잠시 곤란을 겪기도 하였다. 1951년 여름이 되어서야 대일 고철 금수 조치를 해제하면서 일본 수출이 가능해졌다.

삼성물산(주)도 정부로부터 일본 수출 5만톤의 허가를 받았다. 조홍제는 전쟁의 피해가 심한 서울을 비롯 전국에 산재된 고철을 수집할 팀을 구성하였는데, 동생 조성제가 중심 역할을 하였다.

당시 조홍제가 밝힌 고철 사업 추진 방향이 오늘날 사업을 하려는 분에게 좋은 모델이 되는 내용이라 조홍제 회고록에서 인용하였다.

(1) 고철은 무한정 있는 것이 아니다.

(2) 고철 수출은 조만간 경쟁이 치열해진다. 남보다 먼저 선적하고 물량을 확보하고 수출하여 기득권을 굳혀야 한다.

(3) 다른 회사보다 좋은 가격을 주어 수집의 범위를 최대한 넓게 거래처를 확보, 고철을 많이 가져오게 한다.

(4) 지역 곳곳에 수집된 고철을 부산항에 집결하기 위해 최선의 기동력을 투입한다.

6) 회고, 고독한 결단

조홍제는 전국으로 고철 수집을 떠나는 직원에게 "행운은 용기 있게 일을 추진하는 자에게만 돌아오게 된다. 반드시 성공하거라." 격려를 주면서 동시에 고철매입 대금을 일일이 나누어 주었다.

그런데 전쟁 후 통용되는 화폐 중 가장 큰 것이 10원짜리 지폐였다. 고철수집 대금은 오늘날처럼 온라인 이체가 되지 않는 시기였고, 금융기관도 전쟁 후 업무를 보지 않는 곳이 많아 송금도 불편한 시기였다.

외상으로 구매 시 타사와 경쟁이 되지 않았기에 결국 고철구매 후 바로 현금 지불하는 방식밖에 없었다. 도둑이나 강도를 만나면 목숨까지 위태로운 시기였다. 아이디어를 낸 결과 현금 부피가 너무 커서 지폐를 넣은 베개를 만들어 숙소에서 베고 자거나 차 안에 싣고 다니면서 타인의 눈을 속이는 방법을 사용했다.

이렇게 고철을 모아 수출하고 받은 달러로 한국에 없는 생필품을 수입하여 판매하면서 이익을 창출한 삼성물산(주)는 한국을 대표하는 무역회사로 탄탄한 자리를 확보하였다.

조홍제는 회고록에서 "지금과 같이 경영 전문가가 많지 않았던 시기에 의논할 상대도, 자료도 없었다. 오직 경영자 혼자 결단을 내려야 하는 고통이 있다. 경영자는 기업을 키워 나가기 위해, 타 기업과의 경쟁에서 이기기 위해 얼마나 노력해야 하는지 알아야 한다. 용기 있게 위험을 무릅쓰고 추진하는 과정은 매우 힘든 일이다"하면서 경영자의 고충을 털어놓은 적이 있다.

13 __ 조홍제의 제일제당 창업이야기

나에게 온 행운을 잡으려면 남과 다른 의욕이 있어야 한다.

준비는 만전(철저)하게, 진행은 석화 같이하라.

만전, 일만 가지를 철저하게 한다.

석화돌에 불꽃이 피워졌다 금방 사라진다.

빨리 하라는 뜻이다.

무역은 큰 수익을 남겨주는 사업이지만 한편으로 수백 가지의 수출입 품목에 대해 국내시장 현황, 가격시세, 주요 산지, 운송 선박 편, 해외국가 여건 등 알아야 할 것도 너무 많다. 무역은 이익이 많은 만큼 위험도 비례한다.

조홍제가 예측한 대로 삼성물산(주)에 배정된 고철 5만톤을 모두 수출하는 시점인 1953년에 이르자 고철 수출도 내리막길로 치닫고 있었다. 삼성물산(주)에는 행운이었다.

조홍제는 "아무리 행운이 눈앞을 스쳐 지나가더라도 그 행운을 붙잡으려고 하는 의욕이 없으면 잡지 못한다. 그리고 그 행운을 나에게 유리하게 만드는 지혜와 남다른 노력이 없다면 역시 잡지 못한다. 그러면 일반인이 말하는 행운은 그다음에 오는 것이다"라고 하였다.

1) 설탕, 페니실린, 아연도 철판을 사업 후보로

조홍제와 이병철은 무역업으로 큰 성공을 거두었기 때문에 앞으로는 직접 생산을 하는 제조업에 진출하는 것을 논의하였다. 이때가 1953년 봄이다.

수입 대체 효과가 높은 제조업 품목을 사전 조사하였는데 한국 사회에 가장 필요한 것이 설탕, 페니실린, 아연도 철판 등의 품목이 유력한 후보였다. 설탕은 전량 해외에 의존한 상태였고, 페니실린은 항생제로 일반인과 의료인에게 필수 의약품이었다. 아연도 철판 등은 6·25 전쟁 이후 도시와 농촌의 피해 복구에 필수적으로 사용될 것이고, 건축자재로 가격도 저렴하였다. 두 사람은 제조업에 진출하기 위해서 한국보다 경제성장이 빠른 일본 시장을 먼저 조사한 후 추진하기로 하였다.

2) 설탕 사업 선택, 제일제당 설립

① 1943년 11월부터 생산을 시작한 부산 진구 부전동 옛 제일제당 공장. 〈제일제당〉 ② 현재 더샵센트럴스타 APT가 들어서 있다.

삼성물산(주)가 수입 품목 중 많이 취급한 것이 설탕이었기에 제당과 관련된 시장의 흐름을 잘 알고 있었다. 설탕은 국민 모두에게 필요한 생필품이라 그 필요성이 높을 것으로 판단되었다. 조흥제도 설탕을 수입 품목으로 취급하여 유통한 경험이 있었기에 이병철의 제당 사업 제안에 동의하였다.

설탕 생산 시설을 갖추기 위해 필요한 설비 중 일본산 기계를 도입할 경우 공장건설을 추진하는데 삼성물

1960년대 부산 서면 제일제당 공장 주변의 풍경, 소달구지와 전철의 모습이 보인다. 〈제일제당〉

산(주) 자금을 총동원하여도 부족하였다. 그러나 정부의 정책으로 국민 생활품목이나 제조업 공장 설립에는 은행 대출이 가능하였다. 그리고 부족한 일부는 진주 거부 모씨에게 차입하였다. 이렇게 자금을 확보하여 1953년 6월, 마침내 부산 전포동 742번지에 공장 부지를 확보하고 제일제당 공장 건설을 시작하였다.

3) 진주 거부의 자본 투자

조홍제가 말하는 제일제당 설립에 거금을 투자한 진주 거부는 누구일까? 조홍제와 이병철 회고록에는 실명이 없다. 필자는 여러 자료를 검토한 결과 이병철의 매형인 진주 지수면 출신 허순구를 중심으로 실마리를 풀었다.

허순구는 지수면의 거부 허만정과 친척 관계이다. 허순구가 처남 이병철의 사업에 진주 거부 허만정을 소개했을 것이라

〈제일제당 창업 초기의 주요 임원〉

임원명	직책	재임기간	비고
이병철	사 장	1953.08~1960.11	동업관계
조홍제	부사장	1953.08~1960.11	동업관계
	사 장	1960.11~1962.11	
허정구	상 무	1953.08~1955.05	진주 지수면 허만정의 장남
	전 무	1955.05~1960.11	진주 지수면 허만정의 장남
조성제	감 사	1953.08~1955.10	조홍제 동생(추정)
허순구	감 사	1955.05~1962.02	진주 지수면 이병철의 매형

제일제당에서 생산한 십자성 밀가루와 효성물산에서 생산한 밀가루 포대. 〈대한민국역사박물관〉

는 여러 가지 근거가 있다.

허만정의 가족이 이병철 기업에 최초로 참여한 것은 이병철이 서울에서 삼성물산공사를 설립한 1948년 11월로 볼 수 있다.

그 근거가 삼성물산공사 임원진에 사장 이병철, 부사장 조홍제, 이사 허정구로 출발한 기록이 있다(이병철 편. 13회. 부산에서 제일제당공업 주식회사 설립. 2) 창업 당시 제일제당 경영진). 당시 이병철은 서울에서 새로운 사업을 추진하면서 부족한 자본을 보완하기 위해 조홍제에게 동업을 제의하였고 이러한 과정에서 허만정과도 연결된 것으로 추측이 된다. 하지만 삼성물산공사에 허만정의 자본이 이병철에게 투입된 자료나 기록물은 아직 찾지 못한 상태이다.

그 후 부산에서 설립된 삼성물산(주)가 추진한 제일제당 설립 시 경영에 참여한 주요 임원 명단에 허만정의 장남 허정구가 상무로 참여하였고, 자본도 투자하여 주식도 10% 소유하였다.

현재 생존하고 계시는 허순구의 차남 허병천의 증언에 따르면 "아버지 허순구가 허정구를 제일제당에 근무하도록 처남인 이병철에 추천하였고 그 후 허만정(허정구 아버지)측에서 일부 자본 참여를 하였다."라고 하셨다.

설립초기 제일제당 중역진은 사장 이병철, 부사장 조홍제, 상무 허정구, 취체역 김생기, 여상원, 취체역 공장장에 김재명이었다. 취체역은 오늘날 이사 직책이다. 여상원 취체역은 당시 대구 상공계의 재력가로 현재 의사이면서 왕성하게 방송활동을 하고 있는 여에스더의 조부로 확인되었다(이병철 편. 11회. 가자, 서울로. 4) 삼성물산공사와 지수거부 허만정). 여상원은 대구 제일모직 설립시 사장으로 등재된 기록도 있다.

4) 설탕 생산

6·25 전쟁 후 달러가 귀한 시절 제일제당은 시중달러(암달러 거래)를 구입하여 기계 대금을 지불하고 설비와 발주를 끝낼 수 있었다.

공장 시설에 도입된 기계는 생산 공장 기술책임자가 와서 설명해 주는 게 관행이었다. 하지만 당시에 이승만 정부는 이유 여하를 불문하고 일본인의 입국을 허가해 주지 않았다. 이러한 문제 해결을 위해 제일제당은 기술자를 뽑아 일본에 보내 기술을 익혀 오는 역발상을 추진하였다. 힘겹게 한 가지씩 문제를 해결하고 마침내 1953년 11월 5일 한국인이 만든 설탕이 처음으로 생산되었다.

5) 달러 이야기

전쟁 후 달러가 귀한 시절, 당시 민간 회사가 외국에 물건을 수입하면 달러를 지불하여야 했다. 그러나 정부는 달러 보유액이 부족하여 민간 회사의 달러 사용을 제한하였다. 민간인이 사용할 수 있는 달러는 '중석 달러, 종교 달러, 시중 달러'라는 게 있었다.

중석 달러는 정부 기업인 대한중석에서 직접 수입에 참여하거나 극히 제한된 무역업자에게 달러를 제공해 주는 정부 관리하의 외화이다.

종교 달러는 기독교 계통과 가까운 무역회사에 미국 등에서 보내주는 달러이고, 시중 달러는 암달러 상인과 거래하는 것이다. 당시에 힘

있는 무역회사는 중석 달러를 사용하였고, 기독교계 무역회사는 종교 달러를 사용하였지만 일반무역회사는 달러 구하기가 힘이 들어 무역업 하기가 참 힘든 시기였다.

6) 삼영그룹 관정 이종환 회장

삼영그룹 관정 이종환 회장의 자서전 '정도'에 보면 달러 구하기의 어려움에 대한 회고 내용이 있다. 1961년 5·16 이후에도 외국에서 플라스틱 원료를 수입 하려면 정부가 배정해 주는 달러 한도 내에서만 원료 수입이 가능하였다.

예를 들어 경제기획원에서 미국의 경제 원조 자금 중 40만달러를 플라스틱 협동조합에 배정해 주면 15개 남짓 회원사가 1달러라도 더 가져가기 위해 배분을 위한 신경전이 치열하였다. 그것도 4~5개월이 소요된 후에야 삼영화학이 5천달러를 배정 받은 적이 있다고 하였다. 회사는 이 달러만큼 원료를 수입하여 제품 생산을 한다.

삼영그룹 이종환 회장은 솥바위 인근 3대 부자에도 거론되기도 한 경남 의령출신이다. 동양 최대의 장학 재단인 '관정 이종환 교육재단'을 설립한 경영인이다. 서울대학교에 600억원을 기부하여 도서관을 건립하는 등 대한민국 교육계의 전설적인 기록을 남기신 분이다.

마산고등학교를 졸업하고 일본 메이지대학에 유학을 갔다가 학병으로 오키나와 전쟁터에 배치된 후 해방을 맞이하여 귀국하였다. 그리고 플라스틱 제품을 생산하는 삼영화학공업 주식회사를 창업하여 삼영그룹으로 발전시켰다.

회고록에는 생산 품목이 유사한 구인회의 락희화학과 관련된 이야기도 있다. 그리고 동향 출신인 이병철 삼성그룹 회장이 박정희 대통령의 안양골프장 방문 시 이종환 회장을 소개하려고 준비한 사실 등 흥미로운 여러 가지 이야기가 기록으로 남아 있다(삼성 편. 부록. 솥바위 인근 3대 거부에 삼영그룹 이종환 회장).

7) 대한중석 중석불(달러) 사건

중석불사건(重石弗事件)이란 1952년 6월 이승만 정부가 텅스텐(중석)을 외국에 수출하여 달러를 확보하였다. 이 달러를 중석불 달러라 하였다. 정부는 이 달러를 민간 무역업체에 싼 값에 매각하였다. 민간 무역업체는 이 달러로 비료와 밀가루를 수입하였다. 수입된 비료와 밀가루를 농민에게 비싼 값으로 다시 판매하여 최대 10배에 달하는 이윤을 취하며 농민에게 심각한 피해를 제공한 경제 범죄 사건이다. 그리고 이 수익금을 정부가 다른 용도로 사용하면서 발생한 사건이 중석불사건의 주요 배경이다.

8) 대한중석 주식회사

1952년에 설립한 '대한중석광업 주식회사'는 설립 당시 종업원이 약 4,300명이 되는 대규모 회사였다. 1968년 2월 포항종합제철을 설립할 때 정부가 75%, 대한중석이 25%를 투자할 정도로 회사의 규모는 대단하였다.

1992년 4월, '대한중석 주식회사'로 상호를 변경하였다. 1994년 2월 문민정부가 공기업 민영화 방침으로 매각하자 당시 신생그룹으로 단단하게 성장한 '거평그룹'이 인수하였다. 거평그룹이 대한중석을 인수하자 "새우가 고래를 삼켰다"하여 재계에 큰 뉴스가 되었다.

1997년 IMF 외환위기로 거평그룹은 부득불 대한중석을 외국의 아이엠씨(IMC)그룹에 매각하였다. 2006년 버크셔해서웨이에 인수되어 상호가 대구텍으로 변경되어 오늘에 이르고 있다. 대구텍은 100년의 역사를 자랑하는 세계적인 금속 절삭공구 생산기업으로 역시 세계적인 투자자 '워런 버핏'이 2013년에 인수하여 최대 주주로 있다.

9) 거평그룹과 나승렬 회장

공기업 대한중석을 인수한 회사는 회계 분야에 전설을 가진 M&A의 천재 '나승렬 거평그룹 회장'이다. 대한중석 인수로 거평그룹은 국내 30대 대기업 그룹에 진입하였다. 나승렬 회장은 이병철의 형 이병각이 이전에 경영하였던 삼강 아이스크림 회사 경리부장 출신이다.

세상은 크고 작은 인연, 깊고 얕은 인연 등 다양한 사연으로 씨줄 날줄 연결되어 있는 것이 많다. 1997년 필자는 나승렬 거평그룹 회장 비서실 과장으로 가장 가까운 곳에 근무하다가 중국 지사장, 그룹 현지 투자 법인장으로 발령나기까지 함께 한 인연도 가지고 있다.

조홍제 효성그룹 창업주처럼 나승렬 회장도 바둑을 아주 좋아 하셨다. 나승렬 회장이 중국 계열사 방문차 출장을 갔다가 호텔에서 중국 현지 직원과 우연히 바둑을 두게 되었다. 기력이 비슷하여 이기고 지기를 반복하면서 밤을 세운 대국을 곁에서 지켜본 기억도 생생하다. 그리고 조홍제 회장에게 성냥개비 회계 이야기가 있듯이 나승렬 거평그룹 회장도 기업 평가와 숫자분석, 회계에는 천재적인 감각을 가진 분이다.

국내 재계 30대 대기업으로 성장한 과정에 교훈적인 철학을 비롯 적지 않은 스토리를 가지고 있다. 거평이라는 뜻은 나승렬 회장의 고향 전라남도 나주시에 있는 고향마을 이름이다.

14 _ 조흥제와 제일모직, 그리고 바둑

아무리 어려운 일도, 불가능하리라 예상하였던 일도,
당사자와 직접 이야기하면 뜻밖에 쉽게 풀리는 경우가 너무 많다.

오늘날 우리가 사용하는 섬유는 자연 섬유와 인조 섬유로 나누어진
다. 자연섬유도 식물성 섬유, 동물성 섬유, 광물성 섬유로 구분된다.
식물성 섬유는 목화를 주원료로 하는 종자 섬유와 아마, 대마 등의 껍
질을 주원료로 하는 껍질 섬유, 그리고 잎 섬유로 나누어진다.

동물성 섬유는 양모, 캐시미어, 낙타의 털에서 원료를 얻는 모섬유
와 양잠업인 누에고치에서 얻는 견 섬유로 구분된다. 견 섬유를 실크
라 한다.

모방업이란 털을 가공하여 털실을 만들고, 이 털실로 모직물을 짜는
것을 말한다. 이를 통틀어 방직업이라 한다. 방직업이란 섬유를 원료
로 실을 뽑고, 그 실로 직물을 짜서 표백하거나 염색하여 가공하는 공
업이다.

기술의 발달로 화학적으로 섬유를 만들어 내는데 이것이 인조섬유
이다. 레이온이나 나일론, 폴리에스터, 폴리우레탄 등이 있다.

1) 조홍제와 제일모직 설립

1954년 제일제당이 안정적으로 정착되자 삼성물산(주)는 다음 사업을 검토하였다. 여러 가지 조사를 거쳐 채택된 것이 면방업 진출이었다. 공장 설립 허가문제와 관련하여 정부 기관에 문의한 결과 면방업 대신 외국산에 의존하고 있는 모직업 계통 공장 설립을 하면 허가를 해주겠다는 답변을 받았다.

조홍제가 정부로부터 제의를 받은 것은 목화에서 뽑은 실로 천을 짜는 면방직보다 기술이 진보된 모방직 공장이었다. 당시 한국은 양복지와 같은 고급복지의 생산은 하지 못하는 수준이었다. 대부분 수입품이었다. 이때 수입된 외국산 고급 양복지로 만든 옷을 입고 다닌 사람을 '마카오 신사'라 불렀다.

1954년 9월, 조홍제는 모직 공장 건설 계획을 세우고 설비 구입 조사차 미국과 영국, 이탈리아, 서독에 직접 갔다. 조홍제는 일본 법정대학에서 독일경제학을 공부하였기에 독일에 대해 잘 알고 있었다. 조홍제는 당시 최신예 기종을 보유한 독일의 스핀바우 회사를 선택하였다. 2차 세계대전 후 '라인 강의 기적'을 이룬 독일의 기술력을 신뢰하였기 때문이다.

제일모직은 제일제당의 설립 경험과 재능 있는 직원의 확보 등으로 대구 북구 침산동에 8개월 만에 완공하여 1956년 5월 골든텍스를 처음으로 생산하였다.

2) 4·19 혁명과 5·16 군사정변

1960년 3월 15일 부정선거로 학생과 시민들의 시위가 잇따르면서 나라 전체가 혼란과 위기에 빠졌다. 자유당의 3·15 부정선거는 4·19

혁명으로 이어져 이승만 대통령도 하야하였다.

4·19 격동기에 군중 심리는 전시경제의 극복과 어려움 속에 일구어 낸 '삼성'의 성장을 오로지 부정축재로 성장한 기업으로 인식하였다. 국민과 언론은 허정 과도 정부와 장면 내각의 정치 안정과 부정선거 처리 문제, 그리고 부정축재 기업의 환수가 최대 관심사였다.

1960년 11월, 삼성 산하 3개사의 임원 개편에 따라 조홍제는 제일제 당 사장에 취임하면서 삼성을 대표하여 부정축재 문제를 처리해야 했 다. 그렇게 동분서주하면서 회사를 운영해 나가던 중 1961년 5·16 군 사정변이 일어났다. 국가재건최고회의는 부정축재 기업에 대해 기업 경영자 11명을 부정축재자로 구속하였다.

당시 이병철 사장은 일본에 거주하고 있어 다른 기업인과 달리 구속 되지 않은 상태였다. 하지만 정부는 이병철을 삼성 책임자로 규정하 고 귀국을 재촉하고 있었다(이병철 편. 16회. 5·16과 한국비료 공장).

어느 날 부정축재를 조사하던 정부 수사관이 삼성에 찾아와 조홍제 에게 최후통첩을 하였다. "내일 정오까지 이병철 사장이 귀국하여 구 속을 받게 하든가, 아니면 조홍제 사장이 수감되든가 양자택일을 하 라"고 하였다. 결국 조홍제도 마포 교도소에 약 1개월 정도 수감되었 다가 부정축재자로 구속된 11명과 함께 각각의 회사 벌과금 확정 통지 서를 받고 교도소에서 풀려나왔다(동아일보 1961년 7월 14일 기사).

조홍제는 1960년 1월부터 1962년 11월까지 제일모직 사장으로 근무 하였다. 조홍제 회고록에는 1962년 9월부터 효성물산 주식회사로 독 자사업을 실시하였다. 2~3개월의 중복은 일반적으로 등기 기록의 정 리 과정이라 보인다. 이병철은 1962년 5월 제일모직 회장에 취임을 하였다.

3) 흑과 백의 조화 바둑

'신의 한 수', '승부수를 던지다', '긴박한 초읽기' 등은 바둑에서 나온 표현이다. 가로 42cm x 세로 45cm의 나무판에 361칸을 만들어 흑과 백의 돌로 승부를 구분한다. '상대의 강한 곳을 침범하지 말라' 등 바둑 용어가 일상생활의 명언으로 인용되는 것도 많이 있다.

삼국지의 등장인물 '관우'는 마취도 하지 않고 팔을 잘라내는 동안 '마량'과 바둑을 두었다고 전해진다. 충무공 이순신의 '난중일기'에도 바둑을 두었다는 이야기가 많이 나온다. 그런데 공자와 맹자는 바둑을 두지 못하게 하였다.

조홍제는 할아버지 때부터 바둑을 좋아하였고 본인도 즐겨 두었다. 조홍제의 바둑 이야기를 엮어 보았다.

4) 조홍제 조부의 바둑 이야기

만우 조홍제 효성그룹 창업주는 바둑을 좋아하였다. 1961년부터 1967년까지 사단법인 한국기원 이사장을 역임하였다. 〈조홍제 회고록〉

1921년 어느 날 조홍제가 함안 장터에 나갔다가 조부의 허락도 받지 않고 과감하게 상투를 잘랐다. 신식학교에 다니고 싶은 마음을 행동으로 옮겼다.

완고한 조부의 꾸중이 두려워 집에 들어가지 못하고 서당에서 보내고 있는데 조부로부터 호출이 왔다. 사랑채 앞에 나가니 조부께서 친구분과 마루에서 바둑을 두고 계셨다. 어떠한 꾸중을 할지 긴장하

서울 조홍제 기념관에 보관되어 있는 바둑판과 문방사우. 〈만우 기념관〉

였지만 할아버지는 꾸중 대신 "어머니에게 가서 아침밥 챙겨 먹어라"
하였다.

5) 조홍제의 바둑 이야기

함안 양심정에서 조홍제는 친구들과 가끔 바둑을 두었다. "아버님,
저녁 진지 드시러 가셔야죠." 아들은 바둑판 곁에서 조홍제가 바둑이
끝날 때까지 마냥 기다려야만 하였다. 그 기다림은 저녁을 지나 새벽
으로 이어지기도 하였다.

조석래가 초등학생 시절이던 1943년, 부모에게 알리지도 않고 진주
매형댁에 놀러 갔다가 아버지 호출을 받고 함안으로 되돌아왔다. 조
홍제는 큰누나(?) 등 뒤에서 오금을 저리고 대문을 들어서는 아들을
못 본 체 하고 "그래 어머니한테 인사드리고 나가 놀아라" 하고 계속
친구와 바둑을 두었다.

효성그룹 회장 시절, 오후 1시경 돌아온다고 회사를 나간 후 밤 열
시가 넘어도 소식이 없었다. 휴대전화도 없던 시절이라 조홍제가 먼
저 연락이 오지 않으면 어디에 있는지 알 수 없는 시절이었다. 밤 11시
경 조홍제의 운전기사가 집으로 전화를 하였다.

"회장님은 지금 한국기원에 계십니다."

6) 한국기원 이사장 조홍제

5·16 군사정변 후 국가재건최고회의는 당시 한국을 대표하는 기업 여러 곳을 부정축재와 탈세 기업으로 지정하였다. 당시 제일제당 사장이었던 조홍제는 약 1개월간 구속된 후 6월 29일 석방되었다. 그리고 이틀 후인 1961년 7월 1일 사단법인 한국기원 이사장에 취임하였다. 1967년 2월 23일까지 약 6년 8개월간 이사장을 맡으면서 한국의 바둑 발전에 큰 공헌을 하였다.

한국기원에는 조홍제의 이사장 관련 기록이 남아있다. 그러나 어떤 이유인지 알 수는 없지만 조홍제의 회고록에는 한국기원 이사장 이력이 누락 되어 있다. 아주 중요한 기록이라 생각하고 효성그룹 홍보실에 연락하였더니 미처 알지 못한 내용을 알려주어 감사하다는 연락을 받았다. 필자는 한국기원 이사장 이력이 중요하니 조홍제 회장 연대표에 꼭 삽입토록 제안을 하였다.

서울 조홍제 회장 기념관에 가면 바둑판이 전시되어 있다. 361칸의 바둑 집수 보다 더 많은 조홍제 회장의 기록도 있다. 잘 보관되어 기록으로도 인정받고 훗날 조홍제학(學)을 연구, 학습하는 일반인에게도 개방이 되었으면 하는 생각을 가진다. 조홍제는 아마 5단의 실력이라고 알려져 있다.

7) 남명 조식의 산천재 바둑 이야기

허권수 교수의 저서 '절망의 시대 선비는 무엇을 하는가'의 도서는 남명 조식 선생에 관한 내용이다. 이 책 앞면에 산천재에 관한 옛 모

산천재는 남명 조식 선생이 학문을 닦고 연구한 곳으로 산청군 시천면 덕산에 있다. 소나무 아래 신선이 바둑 두는 그림은 400년 이상 된 벽화로 윤곽만 알아볼 수 있다. 우측 사진은 복원된 그림이다.

습 사진이 실려 있다. '산천재'는 남명 조식이 61세 되던 해 지리산으로 이사하여 제자를 가르친 곳이다. 산천재의 마루 천장에 3면의 벽화가 있다. 밭 가는 모습의 벽화, 차 달이는 모습의 벽화, 그리고 또 하나가 바둑 두는 모습의 벽화이다. 약 400년 이상 된 그림이라 대체적인 윤곽만 알아볼 수 있지만 바둑 두는 모습이 청아한 은자의 생활을 보여주고 있다.

15 __ 내 나이 56세, 다시 시작하다

공장에도 명당 터가 있다. 공장의 입지 조건이 기업의 발전 속도를 좌우한다.
묘지나 집터만 명당이 있는 것이 아니다.
공장에는 과학적 근거까지 분석해야 현대적 의미의 명당을 찾을 수 있다.

1960년 3월, 조홍제가 일본 동경에서 이병철 사장을 만났다.

이 자리에서 조홍제는 이병철 사장으로부터 동업을 정리하자는 제의
를 받았다. 조홍제는 때가 되면 동업 청산도 좋으리라는 생각을 가지고
있었다. 이병철의 제안을 들은 조홍제는 동업 청산에 마음을 굳히고 구
체적으로 매듭을 짓기 위해 자료를 준비하였다. 그러나 각자의 지분율
에 대한 이야기에서 서로의 생각 차이가 분명하게 나타났다.

1) 이병철과 동업 청산

동업 청산과 관련한 조홍제 회고록의 내용이다. "1947년 봄, 이병
철을 서울에서 만나 삼성물산공사에 지분을 투자하고 참여한 후 6·25
전쟁을 겪었다. 다시 1951년 4월 부산 피란 시절에 설립한 삼성물산
(주)를 시작으로 1959년 9월까지 10년 이상 동업을 하였다. 무역업으
로 시작한 삼성물산(주)를 주축으로 제법 많은 회사를 운영하는 규모

로 성장시켰다. 뿐만 아니라 제일제당, 제일모직은 국내를 대표하는 기업으로 성장시켰다. 명실 공히 모기업인 삼성물산의 이름을 붙여 삼성그룹으로 성장시켰다. 1958년에는 삼성이 대한민국 최고의 재벌로 부상하였다. 삼성물산, 제일제당, 제일모직 역시 나의 모든 열정과 땀이 곳곳에 묻어 있는 회사였다."

동업 청산의 말이 나온 지 2년 반의 세월이 흐른 1962년 8월, 이병철 사장 자택에서 동업 청산과 관련한 협의를 마무리하고 조홍제 제일제당 사장은 삼성을 떠났다.

다시 조홍제 회고록 내용이다. "이병철과 마지막 동업 정리를 하면서 내린 결단은 조홍제가 70여년을 살아오는 동안 내리지 않을 수 없었던 수많은 어려운 결단 가운데서도 가장 현명하게 내렸던 결단이었다"고 하였다.

2) 효성물산을 토대로 56세에 독자 사업 시작

조홍제는 이병철과 동업을 청산하고 새로운 사업을 구상하였다. 1962년 9월 15일 15명의 직원으로 구성된 '효성물산 주식회사'를 출범시켰다. 그때 조홍제는 56세였다. 나이의 의미는 무엇일까? 지금의 56세와 1960년대 56세는 무엇이 다를까? 조홍제는 새로운 사업을 하여 성공하겠다는 의욕과 충만함은 더없이 높았다. 삼성에서 나와 첫 독자 사업을 한다는 것에 대한 두려움과 기대감이 교차하였다. 하지만 욕심을 내지 않고, 서두르지 않고 천천히 그림을 그리기 시작하였다.

지금까지 쌓아온 경험을 잘 살릴 수 있는 것을 첫 사업으로 구상하였다. 그것은 무역업이었다. 효성그룹의 모태가 되는 '효성물산(주)'는 조홍제가 삼성물산에 근무할 당시 1957년 2월에 설립한 무역회사이다. 이 시기에 무역은 수출보다 수입이 많았던 시기로, 외국에서 물건을 구입하기 위해서 달러가 필요하였다.

정부는 1개의 기업에 얼마씩 배정을 하였다. 기업체 수에 비례하여 달러 배정이 되었는데 그 금액은 턱없이 부족한 상태였다. 따라서 많은 달러를 배정받기 위해서는 무역회사가 필요하였고, 효성물산도 이러한 제도 때문에 설립한 것이었다. 조홍제가 독립하면서 본인 명의의 효성물산을 가지고 나온 것이다.

3) 풍부한 경험을 축적한 엘리트 기업인

조홍제는 이론과 실기를 모두 갖춘 기업인이다. 삼성물산, 제일제당, 제일모직설립과 경영 등 당시 조홍제의 풍부한 경륜은 대한민국 어느 누구와도 비교할 수 없을 정도로 독보적이었다.

그래서인지 조홍제가 설립한 효성물산의 성장은 고속철도만큼 빠르고, 안전하고, 탄탄하게 달렸다. 효성의 주력 기업이 되는 동양나이론 공장 설립까지 한 치의 오차도 없이 성공한 배경에는 조홍제가 제일제당, 제일모직 등 공장 건설과 기업 경영을 하면서 쌓은 풍부한 경험이 뒷받침되었기 때문이다.

동양나이론 설립 당시 집무를 보고 있는 조홍제 회장.

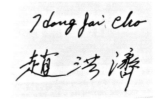

조홍제 회장의 친필 사인. 〈조홍제 회고록〉

여기에 일본에서 독일경제를 공부한 기본 지식과 미래를 예측하고 분석하는 탁월한 감각, 철저한 자기 관리와 기업가 정신이 결합된 것도 작용되었다.

조홍제의 경영에는 조홍제식 오학(五學)이 있다.

(1) 유교 명문가의 자녀로 성장하면서 배운 배려할 줄 아는 겸손학

(2) 버릴 줄 아는 욕심을 가진 무탐학

(3) 뒷 여운을 남기지 않는 결단의 절제학

(4) 극복하려는 굳센 의지와 천부적인 재능과 생각하면서 실천하는 응용실천학

(5) 컴퓨터도 없던 시대, 1년 앞의 시장도 예측하기 힘든 시대에 10년 앞의 시장 변화를 예측하여 보고서를 만드는 유비학이다.

4) 밀가루를 황금으로, 조선제분 경영

1950년대 후반부터 1960년대 중반까지 인구가 갑작스레 늘어나기 시작하였다.

이때 태어난 사람들이 베이비붐 세대의 중심 나이이다. '58년 개띠생'이란 신조어가 아직도 인용되고 있다. 갑작스러운 인구증가로 식량은 절대 부족한 상태였다. 1962년 박정희 정부는 제1차 경제개발 5개년 계획에 맞추어 수출입을 하는 무역업보다 국내 자체의 제조업이나 생산업에 집중하려는 국가정책을 펼쳤다. 조홍제는 자연스레 제조업에 관심을 가졌고 제조업 중에서도 국민들의 식생활에 관련한 제품에 관심을 가졌다.

제일제당 내 제분 공장 설립 시 설계부터 가동까지 완성한 경험도 있었고 서독에 출장을 갔을 때도 제분 공장 시설에 대해 연구한 적도 있었다. 제분 공장을 세우기로 하고 준비를 해나가던 중 마침 부산에 있는 조선제분(현재 동아제분 부산공장)이 경영 악화로 휴업 상태라

는 것을 알게 되었다.

새로운 공장을 설립하면 공장 설립 후 생산까지 소요시간이 많이 필요하다. 기존 공장을 인수하여 바로 생산하면 많은 시간을 절약할 수 있다는 생각에 1962년 9월 조선제분을 인수하였다.

제분 공장 중 중요한 것 중 하나가 공장의 위치이다. 공장의 위치는 대형 선박의 접안이 가능한 부둣가에 있어야만 원맥의 하역이 편리하고 이러한 것이 회사 운영에 여러 가지 영향을 준다. 조선제분은 그러한 점에서 부둣가에 위치한 아주 좋은 조건이었다. 그리고 공장을 새로 짓는 것보다 1~2년 이상 시간을 절약할 수 있었다. 조선제분은 시험 운전을 거쳐 바로 생산에 들어갔는데, 마침 정부가 강력하게 추진하는 분식 장려운동으로 소맥분 생산이 수요를 따라가지 못할 정도가 되었다. 전국에서 대한제분 다음으로 많이 생산하는 공장이 되었다. 조선제분의 성공적인 정착은 효성의 다음 사업을 구상할 수 있는 튼튼한 기반이 되었다.

5) 돈을 밟고 다니다, 한국타이어 경영

조홍제는 1962년 12월 한국타이어제조 주식회사 경영에도 참여하였다. 이 회사는 1941년 일본 브릿지스톤 타이어 자회사로 조선 다이야제조 주식회사 이름으로 설립되어 일본에 군수품을 생산 공급하던 기업이었다. 1945년 일제 패망과 동시에 우리 정부의 재산으로 귀속된 기업체이다.

6·25 때 시설 일부가 파괴되었지만 휴전 기간에는 미군이 군용 공장으로 징발하였다. 1955년 강경옥씨가 인수한 후 시설을 복구하여 한국타이어제조 주식회사로 바꾸고 타이어 생산을 재개하였다.

당시 한국의 자동차 산업은 이 회사 제품을 소화할 만큼 차량이 많지 않은 시기라 어려움을 겪었다. 타이어 판매에 노력하였지만 자동차 산업 관련 한국의 제반 여건이 형성되지 않아 결국 누적된 부채의 압박으로 인하여 1962년 말 한일은행 관리에 들어갔다. 인수를 위해 조홍제는 회사분석을 지시하였다. 얼마 후 인수 실무진 의견서는 '재기 불가능 상태, 인수 불가'였다.

 그러나 조홍제는 멀리 보았고 예측을 하였다. 10년 정도 후에는 시민들의 생활 수준이 높아질 것이고, 분명 한국도 자동차 산업의 발전 가능성이 충분히 있다고 판단, 경영에 참여하겠다는 강력한 의지를 보였다.

 1960년대 자동차 관련 국내 내수 시장의 수요는 아주 작았다. 정부의 자동차 정책도 신뢰를 받지 못하는 상태였다. 미군에 타이어 군납도 전량 일본 메이커가 하는 상황이었고, 심지어 미군 부대에서 쓰고 나온 중고품 군용 타이어도 외국의 일류 메이커가 만든 것이라 여기고 국산 신품보다 실수요자에게 인기있게 거래되고 있었다. 이러한 상황이었지만 한편으로는 전쟁이 끝난 지 10년이 지나자 전반적으로 낙후된 사회 환경에서 조금씩 벗어나기 시작하였다.

 박정희 정부의 경제 개혁정책으로 수출의 길도 조금씩 자리를 잡아가기 시작하였다. 조홍제는 무역 경험이 많아 1차로 수출에 중점을 가지는 경영을 하였다. 한국타이어 생산품은 1964년에 파키스탄, 싱가포르 등에 조금씩 수출이 시작되면서 회사 자금의 급박한 위기는 넘겼다. 수출을 위한 최선의 방법이 품질 향상으로 1964년에 품질 개선 주력의 해로 선정하고 노력한 결과 1965년 3월 상공 당국으로부터 한국타이어는 품질 보증을 받는 KS 표시 허가를 받았다.

준비하고 기다린 덕분에 기회가 왔다. 1966년 7월 신진자동차 주식회사에서 코로나 승용차를 생산하였다. 이를 계기로 한국의 자동차 산업도 조금씩 성장해 가기 시작하였다. 한국타이어도 그동안 향상된 고급 기술을 바탕으로 타이어의 판매가 늘어나면서 기업이 서서히 안정되어 갔다.

1967년, 마침내 부채 상환 약속보다 3년을 앞당겨 법정관리를 종결시켰다. 1972년 전국에 고속도로가 놓이기 시작하면서 자동차 수요는 물론 타이어 수요도 증가하여 한국타이어는 효성의 효자 기업이 되었다. 조홍제는 한국타이어를 완전히 정상화된 기업으로 만들었다. 모두가 재기 불능이라고 손을 놓고 떠날 때 조홍제는 문제 기업을 정상에 올려놓았다.

조홍제 회고록에 남긴 한마디이다.

"사업을 해 나가다가 장애라는 높은 성벽에 부딪히게 되면 더 나아갈 수가 없다고 단념하기가 쉬운 법이다. 이럴 때 단념하기에 앞서 그 성벽이 어디쯤에 끝나는지, 또 타고 넘어갈 수가 있는지, 경우에 따라서는 그것을 허물어 통로를 내어도 되는 것인지 알아보아야 한다."

6) 가죽만큼 튼튼하게, 대전피혁 경영

조홍제는 효성물산을 중심으로 독자 사업을 실시하면서 2개의 부실 기업을 경영하였다. 하나는 대전피혁이고, 또 하나는 한국타이어이다. 두 회사를 정상으로 만들어 놓은 성공의 배경에는 조홍제식 경영이 있었는데 오늘날 우리에게 주는 교훈이 너무 많다. 조홍제식 경영, 창업과 인수, 조홍제식 기업 경영 분석은 다음과 같다.

(1) 먼저 어떠한 사업을 하겠다고 구상을 한다.

(2) 그와 관련된 모든 자료를 수집한다.

(3) 자료를 분석하고 기획서를 작성한다.

(4) 사업실행 장단점을 파악한다.

(5) 마지막으로 나의 여건이 이 일을 할 수 있는지 최종 판단한다.

이러한 절차를 볼 때 조홍제식 경영에 실패의 빈틈이 있을 수 없음을 알 수 있다.

대전피혁은 일제 강점기 일본 군대의 군화를 만들기 위해 세워졌다. 해방 후에는 정부 귀속재산이 되었다. 1956년 국방부가 국군 군화 국산화 방침에 따라 정부에서 불하받아 운영하였다. 운영 자금의 부족과 도입된 생산설비 취급 숙련공 부족, 관리의 부실로 산업은행이 1962년부터 이 회사 경영을 직접 맡으면서 대전피혁공업 주식회사로 이름을 바꾸었다.

삼성물산(주)의 고철 수집과 수출 주역이었던 조홍제 동생 조성제가 일찍 삼성에서 나와 1960년 무역회사 '광성물산'을 설립 경영하였다. 광성물산이 어느 정도 안정이 되자 제조업이나 생산업체를 찾던 중 산업은행이 관리하던 대전피혁공업을 불하받아 경영 중이었다. 경영 경험의 부족인지, 피혁 시장의 악조건인지 경영회복이 되지 않았다.

조성제는 형님 조홍제에게 자주 자문을 구하던 중, 1963년 여름, 형님에게 대전피혁공업의 운영이 힘이 드니 효성물산이 참여하여 경영해 주시기를 부탁하였다. 효성물산 직원이 세밀히 분석한 결과 대전피혁을 인수하여 경영하는 것은 안 된다고 보고를 하였다. 조홍제는 대전피혁의 활성화를 위해 조홍제식 경영 분석을 적용하기 위해 효성물산 기획부에 지시하여 피혁 관련 국내외 모든 현황을 파악토록 하였다.

다음은 보고서의 주요내용이다.

(1) 미국의 한국 군사 원조 및 원피 공급량 감소로 민간 수요가 늘어날 환경이다.

(2) 동종 업계 대부분 소규모 경영, 새로운 시장 활로 개척이 가능하다.

(3) 피혁 제품은 수공업으로 한국은 노동력이 비교적 풍부하다.

(4) 제품 생산의 기계화와 원피 대신 합성피혁, 비닐 등 값싼 소재 제품의 개발이 필요하다.

긍정의 내용도 많았다. 하지만 단점으로 전망은 밝지 않고 수년 동안 적자를 감수해야 하는 입장이었다.

1965년 조홍제는 동생이 경영하기 어렵다는 기업을 거절하지 못하고 기업인의 사명으로 최선을 다해보자는 결심을 한다. 조홍제가 직접 참여하는 특단을 내리고 공장 현황을 분석하고 대책을 세웠다. 그리고 대대적인 변화를 위해 능력이 검증된 새로운 경영진을 대전피혁 공장에 파견하였다. 직원들에게 하면 된다는 자신감을 주입시키고 변화를 요구하였다. 조금씩 노력의 결과가 보였다. 미국으로부터 야구장갑 주문을 받아 직원들로 하여금 제품 개발 변화의 동기도 부여하였다.

그리고 젊은 직원을 선발하여 피혁 공업 선진국인 이탈리아, 독일, 미국, 일본 등에 기술 연수도 보냈다. 이러한 과정을 거쳐 판매의 속도는 느리지만 매출이 조금씩 증가하였다. 더불어 기술 수준도 향상되었고 수출량도 늘어났다.

작업화 접착제 본드의 접착력이 낮아서 구두 밑창이 잘 떨어지는 것도 자체 연구하여 강력 접착제까지 개발하였다. 직원도 일감이 많아지자 잔업도 즐겁게 하고 철야 작업을 통해 주문을 모두 소화해 내는 노력을 보였다.

1967년이 되었다. 어떤 직원은 대전피혁 입사 후 처음으로 보너스를 받았다며 기뻐하였다. 하지만 조홍제 역시 여느 기업과 달리 대전피혁의 경영정상화에 무척 힘들었다고 회고하였다.

조홍제가 남긴 명언이다. "돈이 돈을 벌어준다. 운이 좋았다고 안이하게 생각하지 말라. 사업은 돈이 적으면 적은 대로 그 규모에 맞게 하면 된다. 다만 성공이나 행운은 많고 적음이 아니라 용기 있게 일을 추진하는 자에게만 돌아온다는 명언을 기억해야 할 것이다."

16 _ 동양나이론 설립,
     효성그룹 재계 5위

사람은 끊임없이 지적 능력과 인격을 성장시켜야 한다.
그래야만 사람이 참되게 삶을 살아갈 수 있다.

1962년 초 정부는 제1차 경제개발 5개년 계획을 수립하였고, 이를 추진할 자금이 필요하였다. 이 자금 조달을 위해 정부가 할 수 있는 방법 중 하나가 국유재산 처분, 국가 귀속재산 처분, 그리고 부정축재로 환수한 재산 등을 민간인에게 처리하는 것이다.

물품의 경우 공매가 많이 실시되었다. 조홍제는 임원들에게 늘 정부 발표 관보를 주의 깊게 살펴보고, 효성물산이 참여할 것이 있는지 찾아보라고 하였다.

1962년 12월, 부산 세관 창고에 나일론 생산 설비가 공매로 나와 섬유업계의 주목을 받았다. 효성물산도 공매에 참여하였지만 최고가 제출자 당첨 때문에 아쉽게도 낙찰받지 못하였다. 이를 계기로 조홍제는 한국 섬유 시장에 대해 더 많은 관심을 가지게 되었다. 그 후 효성물산은 화학, 섬유 관련 전공자들을 일반직보다 더 많이 채용하거나 영입하였다.

조홍제는 효성물산, 조선제분, 한국타이어를 중심으로 관계 회사가 늘어나고 업무량도 증가하자 주력기업 3곳의 업무를 총괄 기획 전담하는 기획팀을 임연규 상무를 중심으로 약 10여명 선발하였다.

1) 그룹 기획 전담팀 구성

조홍제는 기획팀의 프로젝트팀의 신규사업 개발에 경영책임자로서 경영자의 의지와 철학이 있는 6가지 원칙만 제시하고 모든 권한을 기획팀 직원들에게 위임하였다.

(1) 수입 대체 효과가 크고 기간산업 분야일 것

(2) 경제성이 높고 사업 전망이 좋은 업종을 선택할 것

(3) 차관을 도입한다는 전제하에 대단위의 현대식 공장을 구상할 것

(4) 우수한 외국 기술을 도입하되 계속 그 기술에 의존해야 하는 분야는 피할 것

(5) 차입 등 무리한 내자 동원으로 재무 구조가 나빠지지 않도록 능력 범위 내에서 계획을 세울 것

(6) 정책적 고려로 제약이 많은 업종은 피할 것 등이다.

이 6원칙에 1가지 추가로 기록된 내용이 있어 7원칙 이라고도 한다.

(7) 가능한 국산 원료를 사용할 수 있는 제조업을 선택할 것

이를 기준으로 하여 각 분야 전문가, 학자, 외국의 의견을 경청하고, 조사 연구하니 얼마 지나지 않았는데도 기획노트만 20여권의 분량이 완성되었다. 조홍제 회장이 신사업 검토를 위해 외국 출장을 갔다 귀국길에 고생하셨다고 수행직원이 가방을 들려고 하자 조홍제 회

장은 "내 가방은 가볍다, 여러분들은 이 가방에 회사 발전을 위한 기획서를 많이 만들어 가득 채워 달라"고 부탁 하였다. 필자는 이런 과정 속에 만들어진 보고서 자료를 서울 만우 기념관에서 직접 보게 된 행운도 있었다. 오늘날 대기업 제조업은 물론 플랫폼 기업에도 '조홍제식 경영의 방법'을 학습해 보시길 바란다.

2) 신사업 검토 1, 화학 섬유

보고서를 하나 하나 읽어보면서 조홍제는 스스로에게 "참으로 할 일이 많은 나라, 나는 할 일이 많은 시기에 태어났구나" 하였다. 이 말의 의미는 나라와 국민을 위해 조홍제가 할 수 있는 일이 많이 있다는 것과 '아직도 우리나라의 경제 현실이 열악하구나. 그래 이 땅에 조홍제가 할 일이 많이 있구나, 내가 다 개척하겠다' 하는 원대한 포부가 아닐까 생각한다.

효성물산 기획팀의 사업보고서에 기록된 화학 섬유 관련 내용의 일부이다. 조홍제가 새로운 사업을 추진하기 위해 조사한 조홍제식 분석법이 그대로 반영, 장점, 단점, 결론으로 간결하게 명시된 내용이다.

화학 섬유 분야, 원료를 국내에서 공급할 수 있는 것으로 한정하니 화학 섬유의 일종인 비닐론이 사업 물망에 올랐다. 대규모 공장을 세울 경우 기계설비보다 원료의 조달이 가장 큰 문제로 드러났다.

효성물산 기획팀에서 만든 각종 사업보고서.
〈만우 기념관〉

원료가 국내에서 조달되지 않을 경우 외국에 의존하여 수입해야 하는데 외화가 부족하여 원료 수입에 어려움이 많다. 기초 원료 모두 국산 소재를 사용할 수 있는 장점은 있다. 마산에 설립할 계획을 수립하였다.

얼마후 다시 한번 더 최종 자료를 수집 분석해 보았다. 비닐론은 이미 세계적으로 보급되고 있고, 나일론, 아크릴, 폴리에스터에 비해 열세적인 상황이다. 석유 화학 분야 원료로 옮겨가는 과정이라 장기적으로 불투명하다. 따라서 최종 심의 결과 유보하기로 하였다.

3) 신사업 검토 2. 석유 관련 윤활유 사업

1962년 10월 대한 석유공사의 울산정유공장이 착공되어 석유를 다루는 분야가 늘어나자 이와 관련된 윤활유에 초점을 두고 연구하였다. 당시 한국은 전량 수입에 의존하는 시기였고 원료도 국내 정유 공장에서 공급이 가능하여 유리한 조건이다.

1964년 일본 윤활유 공장을 시찰하고 미국 5대 석유회사의 한 곳인 소코니 모빌사와 합작 투자 가계약을 체결하는 등 하나하나 준비를 하였다. 1964년 8월 최종 점검 및 분석을 다시 하였다. "당시 국내외 공장 수와 자동차 수, 선박 수로 볼 때 시장이 너무 협소하다. 성장 속도가 느려 자금이나 매출에 압박이 심할 것이다"라는 의견이 제출되었다. 주력 기업으로 수년 내 기대가 어려워 또다시 포기하였다.

지나친 꼼꼼함이 아닌 철저한 분석이다. 조홍제는 아무거나 무턱대고 무조건 해야 한다는 생각은 조금도 가지지 않고 이렇게 철저히 분석과 조사를 신중하게 받아들였다. '성공하지 못하는 사업을 실행하여 실패하는 것보다, 실패하는 사업을 하지 않는 것도 성공의 사업이다.'

마땅한 신사업을 찾지 못한 조홍제는 실무진을 해외 넓은 시장을 보고 배우도록 선진국에 견학도 보냈다. 본인도 해외 시장을 보기 위해 일본을 자주 다녀왔다.

4) 한국경제의 급속한 변화

1~2년 사이 한국 경제가 눈에 다르게 변모 발전하고 석유 화학 공장이 설립되는 등 섬유 수요가 다른 생필품에 비해 빠른 성장 추세를 보였다. 사회도 많이 변하여 첫 번째 신사업 검토로 분석해 온 화학 섬유 사업이 이제는 단점보다 장점이 많은 것으로 드러났다.

조홍제는 나일론, 아크릴, 폴리에스터 세 종류를 놓고 주력 기업을 찾고자 다각적 분석에 다시 돌입하였다. 이때 조홍제가 일본 유학 시 교제해 온 저명한 일본 경영가를 만났다.

이 분은 나일론 원료인 카프로락탐 생산업체를 경영하고 있었다.

영국, 이탈리아, 일본 등 선진 공업국의 공업 발전을 비교 설명하면서 조홍제에게 "어떤 나라이든 공업화는 경공업인 섬유 산업의 단계를 거쳐서 발전한다. 한국의 지금 경제로는 섬유 산업이 매우 유망할 것이다"라고 의견을 주었다.

1964년 한국은 화학 섬유 산업이 유망한 시기로 면방보다 모방이, 모방보다 화학 섬유가 장래성이 있다 하여 섬유 생산시설이 급격히 증가하는 추세를 보였다. 당시 화학 섬유 제품에는 레이온, 비닐론, 아크릴, 나이론, 폴리에스터로 세분되어 있었다.

이 5가지 중 조홍제는 최종 나일론을 선택하였다.

5) 주력 기업으로 동양나이론 설립

'실크같이 우아하고, 거미줄보다 가늘고, 강철보다 강하고, 인류가 바라는 것, 꿈의 섬유' 이 표어는 나일론 섬유 개발사로 성공한 미국 '듀퐁사'의 회사 구호이다.

조홍제는 화학 섬유 분야에 진출하면서 가장 최신 기기를 도입하기로 하였다. 선진국 제품과 차별 없는 제품 생산을 하면 지금의 화학 섬유 시장은 미래에도 경쟁력이 있는 사업이 된다는 확신을 가졌다. 최신의 기계와 최고의 기술만 있으면 충분히 성공할 것이라 판단하였다.

마침내 효성물산의 1차 신규 사업은 '마법의 섬유'라 불리는 나이론으로 결정되었다. 조홍제는 기획팀의 모든 직원에게 전 세계로 나가 나이론 업계를 보고 배워 준비를 하라고 지시를 하였다.

정부에 나이론 원사 공장 설립 신청을 하자 정부는 원사 나이론과 나이론의 원료인 카포르락탐을 효성물산을 비롯, 한일나이론 주식회사, 한국나이론 주식회사 등 세 곳의 회사가 공동으로 먼저 설립하라고 지시하였다. 세 곳의 회사가 모두 참여하여 1965년 9월 동양 카포르락탐 주식회사를 공동 설립하였다.

경영 사장은 세 곳의 투자 회사와 관련이 없는 산업은행 총재를 역임한 서병수를 모셨다. 그 후 정부는 나이론 원사 생산은 한국나이론 주식회사가 1일 15통, 한일나이론 주식회사와 효성이 각각 1일 7.5통, 합계 1일 30통으로 생산하도록 하였고, 효성물산도 수량 배정에 동의하였다.

조홍제 회장의 어록 중 '준비는 만전 하게, 진행은 석화 같이'가 있다. '만전'은 일만 가지라도 모든 것에 철저하게 하여야 한다.

1966년 11월 18일 한국일보에 게재된 동양나이론 주식회사 설립 공고.

효성그룹의 성장 주역 동양나이론 울산 공장 전경.

'석화'는 돌에 불꽃은 피워졌다 금방 사라지니 빨리 하라는 뜻이다. 즉 철저하게 빠르게 뜻이다.

동양나이론 공장 부지는 윤활유 공장 설립 목적으로 울산시 매암동 일대 12만평 정도 부지를 확보해 둔 상태였기 때문에 정부의 승인 후부터는 비교적 순조롭게 진행이 되었다. 자금 조달도 대책을 세워 놓았다.

1966년 3월부터 효성물산 울산공장 정지 공사를 시작하였다. 정부의 차관 승인과 국회의 지불 보증 동의가 통과되지 않았음에도 위험을 무릅쓰고 공장의 조기 완성을 위한 대책으로 정지 공사를 먼저 시작한 것이다. 조홍제는 국회지불 보증 동의가 통과될 것이라고 확신하였기 때문이다. 감각이 아닌 철저한 분석과 준비에서 온 자신감이었다.

1966년 시제품을 생산할 수 있게 공장이 완성되었다. 그러나 조홍제는 시운전에 참여하지 않았다. 행여 시운전 시 무슨 결함이라도 있으면 현장의 많은 사람들이 그 문제가 자기가 책임인 것처럼 곤혹스러울 것 같아서였다. 무슨 문제가 있더라도 절대 건설 책임자에게 질책하지 못하도록 지시를 내렸다. 실패 시 직원들이 받을 상처를 갖지 않도록 앞서 미리 차단한 것이다.

회고록에 표현한 문장이 마치 한 편의 시처럼 되어 있어 편집을 해 보았다. 당시의 공장을 생생하게 보는 듯 너무도 선명하여 제목도 붙였고 쉽게 이해하도록 몇가지 단어를 현대식으로 표현하였다.

나는 효성에서 태어난 실이다
시험용 재료, 뭉쳐진 칩을 만져보면
손의 떨림, 긴장의 떨림
초조와 불안은 내 것이 아니다.

너를, 저기 저
효성이 만든 기계 노즐에 던져야 하는데
너는 너는 어떻게 될 거냐
아 두렵다, 두렵다.

던졌다.
터득, 터득, 터득
끼낑 잉~ 잉, 웅~~ 웅
철~ 어~ 얼, 철어얼, 거친 호흡에 묻힌
둔탁한 기계소리, 쇳소리의 울림은
내 혼의 심장을 쥐는 소리다.

쓰~~아
눈과 구름이 부딪히는 소리가 들리면
눈보다 더 하얗고 하얀 명주실이
춤을 추고 구름 위를 걸어 나온다.

쇳통의 입에서 나오는 실은
마치 엄마의 둥지에서 나오는 아이처럼 신비롭고
촤 ~ 악하고 나오는 실 소리는
마치 아이울음소리 같다.

은백색의 가는 선들이
구름 위에 앉아 춤을 추다가
냉각수에 제 몸을 다 던진다.

함성, 감탄사
야, 나왔다.
해냈다. 우리가 해냈다.

감탄사, 함성
하얗구나! 아름답구나.
성공이다. 성공이다.

눈이 웃는다.
얼굴이 웃는다.
마음이 웃는다.
입도 웃는다.
하얀 치아도 가지런한 실같다.

그대는
일곱 색, 무지개보다 더 화려한
흰 백색의 화려함을 아는가!

동양나이론의 완공은 조홍제가 꿈꾸던 기술이 집결된 회사이다. 독자 기술로 만든 공장, 비용보다 미래를 보고 기술력을 중시한 공장이다. 동양나이론은 나일론과 타이어코드를 생산하면서 명실상부 효성그룹이 국내 5대 대기업 그룹으로 진입하는 계기가 되었다. 효성그룹 조홍제 회장에게는 또 하나의 이름이 붙여졌다. 수식어가 필요 없는 '세계의 경영인 조홍제'가 되었다.

6) 토프론 상표

1968년 6월부터 동양나이론에서 생산된 제품의 원사에 대한 상표제작을 하였다. 토프론이라는 상표가 결정되었다. 임직원이 저녁 식사 자리에서 사내 공모를 하였는데 토오론(Tolon), 타이론(Tylon)이 최종 후보가 되었다. 회사명인 동양의 영문 앞글자 T 와 나이론(Nylon) 의

뒷 석자를 붙여 만든 영문표기이다. 그런데 이 두 가지는 기존 코오롱 회사의 발음과 유사하여 혼돈될 우려가 있어 정상을 뜻하는 Top과 Nylon의 lon으로 합성하여 토프론 TOPLON으로 결정하였다.

7) 조홍제의 유비무환

철저한 준비성을 가진 경영자, 조홍제의 회고록을 한 줄 한 줄 세세하게 읽어보면 조홍제의 치밀함을 엿볼 수 있는 내용이 있다. 조홍제는 동양나이론 공장이 완성되고 시운전에 대비하여 1967년 봄, 서울의 노른자 땅을 매각하여 비상자금 2억원을 별도 마련해 놓았다. 이것은 시운전시 혹 문제가 있어 추가로 설비를 보완하게 될 때 자금이 부족하여 은행에 빌리고 하면 시간이 많이 걸리기 때문에 신속하게 처리하기 위하여 대비한 것이다.

조홍제는 사업 운이 좋은 사람으로 평가를 받는다는 것에 대해 이런 잠언을 남겼다. "나는 40여년 기업 경영을 하면서 내가 주관한 회사는 실패가 없었다. 나는 새로운 사업을 할 때 사업성 검토, 사전에 충분한 시간을 들여 계수적으로 철저하게 체크하여 이만하면 틀림이 없겠다는 결심과 심증이 갔을 때 착수하였다. 내가 할 수 있는 일은 다하고 나머지 추진은 담당자와 전문가에 맡겼다. 혹 문제가 발생하면 어떤 것이 발생할 것인지 미리 순서를 예측하고 늘 준비하고 있어 시간을 단축 할 수 있었다."

8) 늦었다고 다 늦은 것은 아니다

만우(晩 늦을 만, 愚 어리석을 우), 만 가지 우수한 지혜로움을 가진 뜻이라 하면 실례가 될까. 늦었다고 급하게 하지 않은 조홍제의 호

(號), 만우의 의미를 이제야 알 것 같다.

조홍제는 회고록에도 밝혔다. 일본 법정대학을 졸업할 무렵 교수의 길을 갈 기회가 있었는데 사업가로 갔다. 아들 조석래도 학자가 되고 싶어 하였다. 그러나 조석래는 미국 유학을 마치고 아버지의 뜻에 따라 효성의 2대 회장이 되었다.

조석래 효성그룹 회장이 아버지 조홍제를 회고한 글 중 일부이다.

"아버지께서는 사업가가 되기에는 적합하지 않은 분이었다. 사업을 하려면 소위 '장사꾼'이 되어야 하는데 아버지는 그러하지 못하였다. 자신에 대한 스스로의 이상이 너무 높아 오히려 선비의 성품이 더 드러났다."

아들의 평가뿐 아니라 당 시대를 함께 한 기업인들도 한결같이 조홍제를 '한국에서 가장 선비 정신이 있는 품격 있는 기업가'로 평가한다.

'자강불식'의 뜻은 강해지기 위해 쉬지 않고 노력한다는 의미이다. 〈이래호〉

효성은 이제 샛별이 되어 한국 경제를 밝혀주고 있다. 조홍제 회장은 1975년 70세가 되던 해 그룹의 안정적인 정착과 개인의 건강상의 이유로 3명의 아들에게 기업 경영을 맡겼다.

조석래에게는 덕을 숭상하면 사업이 번창한다 (숭덕광업, 崇德廣業). 조양래에게는 쉬지 말고 힘을 길러라 (자강불식, 自强不息), 조욱래에게는 늘 재난에 대비하라(유비무환, 有備無患)의 휘호를 주었다.

56세에 효성물산이라는 무역회사에서 70세까지 약 15년간의 짧은 기간에 세계속의 대기업으로 성장시켰다. 1979년 공정거래위원회 한국재벌

조홍제 회장의 친필 '역진효성'. 〈조홍제 회고록〉

사에 따르면 효성그룹은 현대, 럭키, 삼성, 대우그룹에 이어 국내5위 대그룹에 지정되었다. 그냥 경영을 잘하였다고 판단하기에는 너무도 많은 성공의 과정이 우리를 자극시킨다. 조홍제는 체험을 통하여 획득한 것을 잠언으로 남겼다. 조홍제 회장의 인품과 경영 철학이 함축되어 있다.

"내가 70년을 살아오는 동안 가장 현명한 것은 때로는 버리는 것이 얻는 것이요, 버리지 않는 것이 곧 잃는 것이다"라는 역설적인 교훈도 남겼다. 그리고 "사람은 끊임없이 지적 능력과 인격을 성장시켜야 한다. 그래야만 사람이 참되게 삶을 살아갈 수 있다."

조홍제 효성그룹 창업주의 글을 정리하고 펜을 내려놓으니 뿌리 깊은 선비의 고고한 모습이 떠 오른다.

9) 국내 기업에 그룹의 등장

앞서 소개하였지만 1979년 효성은 국내기업 순위 5위로 지정되어 대한민국 경제계 주목받는 대그룹이 되었다. 1950년대 후반 한국 기업계는 그룹, 재벌, 대기업 등의 말이 회자되기 시작하였다. 그룹이란 1인 기업주가 여러 개의 회사를 거느리는 것을 뜻하는 것으로 언론이나 통계기관에서 많이 인용하였다. 1960년대 삼성그룹, 삼호그룹, 개풍그룹, 대한그룹에 이어 반도상사, 럭키유지, 금성사 등의 계열회사를 가진 락희화학 기업을 락희그룹으로 불렀다. 그 후 호남정유의 설립으로

● 시대별 재계 순위			
1960년	1972년	1979년	1987년
삼성	삼성	현대	현대
삼호	럭키	럭키	삼성
개풍	한진	삼성	럭키
대한	신진	대우	대우
럭키	쌍용	효성	선경
동양	현대	국제	쌍용
극동	대한	한진	한화
한국유리	한화	쌍용	한진
동립산업	극동해운	한화	효성
태창방직	대농	선경	롯데

1979년 공정거래위원회에서 효성그룹을 대한민국 재계 5위의 대기업으로 지정하였다.

자산이 늘어나 1972년에는 삼성그룹에 이어 럭키그룹이 국내 재벌 순위 2위로 수직 성장을 하기도 하였다.

삼성그룹과 효성그룹의 회사 명칭의 변동은 없지만 LG그룹의 경우 1966년 11월까지는 락희그룹으로 불렀다. 1969년 2월 그룹 본부를 부산에서 서울로 이전하였고 1979년 1월에는 네 잎 클로버를 디자인하여 럭키그룹 심벌로 하였다. 1983년 1월에 럭키그룹을 '럭키금성그룹'으로 변경하였다. 1995년 1월 구본무 3대 회장이 취임하면서 그룹 명칭을 LG그룹으로 부르고 있다. 삼성그룹과 효성그룹은 처음 시작한 당시의 이름 그대로이다.

10) 내명자경 외단자의(內明者敬 外斷者義)

효성그룹 로고는 거목을 상징하고 있다. 효성 사가는 동방명성 우러러로 시작한다. 조홍제 회장이 소중하고 귀중하게 여긴 것은 국민의 삶에 대한 가치 존중이었다. 주요 계열사의 생산품이 생활에 직접적인 것보다는 생활필수품이 오히려 더 나은 상품이 생산되도록 하는 기본산업, 장치산업 부분이 많았다. 그래서인지 일반 국민들에게 실체보다 덜 알려진 부분이 적지 않다.

부지런함이 처세의 가장 기본이 된다는 말씀에 따라 저력 있고 잠재력이 풍부한 효성이 다시 한 번 더 대기업 그룹 5위를 되찾고 세계적인 기업으로 자리매김할 샛별의 주인이 되었으면 하고 기대를 가진다.

창업주 세 사람 모두 어려서부터 서당에 다녔고 경전 읽기를 좋아한 공통점이 있다. 어쩌면 유가의 가르침을 기업의 경영에 도입하여 새로운 가치를 만든 분이라고 평가하고 싶다. 창업주 세 사람의 기업 철학을 한자로 조합해 보았다.

구인회 회장에게는 배려와 조화가 가득한 '인화(仁·和)'를, 이병철 회장은 겸손과 융합을 의미하는 '경청(鏡·聽)'을, 조홍제 회장은 새롭게 전진하고 가치추구를 의미하는 창신(昶·新)을, 그리고 세 분 모두에게는 중단하지 않고 더 강해지는 의미를 가진 '자강불식(自强不息)'이 가장 적합한 것 같다.

지금은 기업도 일상도 창황한 시대이다. 경영에는 척박한 한국경제에 산업경제를 정착시킨 선배들의 경영철학을 반면교사로 해야 할 것이 많이 있다. 조홍제 회장은 회고록에 "성공하지 못하는 사업을 하여 실패하는 것보다, 실패하는 사업을 하지 않는 결단도 성공하는 사업이다"라는 유명한 잠언을 남겼다.

실패도 소중한 자산이 될 수 있지만 무모한 도전정신으로만 하여서는 안된다는 의미일 것이다. 성공할 수 있는 사업인지, 잘할 수 있는 사업인지 신중하게 하라는 의미도 있을 것이다. 우리 생활 주변에 1천원의 저렴한 가격으로 편리하게 물건을 구입할 수 있는 '다이소'가 있다.

전국 1500개 매장을 운영하는 박정부 다이소 회장의 회고록 '천원을 경영하라'에 "불량이 났을 때 잘 대처하는 것보다 불량을 만들지 않는 것이 더 중요하다"라고 하였다. 회고록을 톺아보니 새롭게 사업을 시작하는 분이나 청년창업주에게 꼭 들려주어야 할 내용이 있었다. 박정부 회장은 "많은 실패를 통해 얻은 가장 큰 교훈이 잘할 수 있는 일에 집중하자"라고 하였다. 하지 않아야 할 사업을 하지 않는 용기, 잘할 수 있는 사업에 열정을 다하는 마음가짐의 의미는 창업을 하려는 후배들에게 큰 교훈이 아닌가 생각해 본다.

지금은 플랫폼 기업이 우리 생활 깊은 곳까지 찾아와 있다. 모바일 앱이나 웹사이트를 통해 생산자와 소비자를 연결하는 기업이 플랫폼 기업이다. 구글, 애플, 페이스북, 아마존을 비롯 배달 앱이나 차량공유 앱 서비스 등이 대표적이다. 굴뚝형 기업, 제조업이 아니라 청년 창업주들이 많이 활동하고 있다. 또 청년 창업주들이 잘할 수 있는 일이라는 인식을 가지고 있다.

플랫폼 시대, 한국을 대표하는 '네카라쿠배(네이버, 카카오, 라인, 쿠팡, 배달의 민족)'를 경영하는 후배들을 만나면 세 분의 창업주는 공통적으로 약속이라도 한 듯 이런 말을 하지 않을까 생각해 본다. "논어를 곁에 두어라. 멘토가 필요하면 남명 조식을 찾아가라. 오래가고 더 큰 기업을 만들고 싶으면 넓은 세상을 더 많이 보고, 인격을 더 넓게 키워라. 그리고 모든 목적의 끝은 국민의 복리증진에 두어라."

LG그룹 계열인 진주 연암공과대학교 기획처장으로 퇴임을 한 문영동 박사는 지역에서 규모가 큰 계란농장을 경영하고 있다. 제품 포장 상자에 남명 조식 선생 잠언이 인쇄된 것을 본 기억이 있어 어떠한 이유로 인용하였는지 질문을 한 적이 있다. "집중하라, 신중하라"의 깊은 뜻이 있어 기업경영에 흐트러짐이 없고자 차용하였다고 한다. 그 내용이 중견기업주에게는 물론 청년 창업주도 좌우명으로 하면 좋을 내용이라 상자에 인쇄된 글을 옮겨 보았다.

여용양주심불망(如龍養珠心不忘), 여계복란기불색(如鷄伏卵氣不

絶), 여묘수혈신부동(如猫守穴神不動)이다. 이 뜻은 용이 여의주를 보살피듯 마음에 잊지 말고, 닭이 알을 품듯 기운을 끊지 말며, 고양이가 (쥐구멍)을 지키듯 정신을 흩트리지 말라는 뜻이다. 조식 선생은 용과 같은 전설의 동물은 물론 생활속에 함께 하는 닭이나 고양이의 움직임에도 깊게 새겨야 할 교훈을 찾아 후대에 남겼다. 이 잠언을 기업인에게 적용시켜 보면 '기업을 경영할 때 열정적이고 최선을 다하라, 집중하라'라는 뜻이 아닐까 생각해 본다.

또 하나 잊지 말아야 할 조식 선생의 유명한 잠언이 있다. "내명자경 외단자의(內明者敬 外斷者義)"이다. 이 잠언은 남명 조식 선생이 차고 다니던 칼에 새긴 글귀이다. 직역하면 '안으로 마음을 밝히는 것은 경건함이고, 밖으로 행동을 결단하는 것은 정의이다' 경의(敬義)사상으로 임하면 무엇이든 이룰 수 있다. 기업인이든 직장인이든 '경의, 집중' 등 위대한 학자가 남긴 말씀의 울림을 꼭 새겨 보라고 권하고 싶다.

17 _ 조홍제, 구인회, 이병철의 경남 흔적

장애라는 성벽에 부딪히면 단념하지 말고,

그 성벽이 어디쯤 끝나는지,

성벽을 넘을 것인지,

성벽을 허물어 통로를 낼 것인지 알아보아야 한다.

창업주의 생가와 경남에서 활동을 한 흔적은 곳곳에 남아있다. 창업주 세 사람이 활동한 당시의 주요 건물과 자료 등이 현재까지 잘 보존된 것도 있고 아울러 그 가치를 알지 못하여 보호받지 못한 곳도 곳곳에 있다.

1) 함안군, 진주시, 의령군이 함께

삼성그룹, LG그룹, 효성그룹 창업주와 관련하여 자료들을 정리해 본 결과 경남에는 약 20여곳 창업주 흔적이 남아 있다. 구인상회의 주권과 명함, 경남일보의 주권, 제일제당 주권 등 지류형 자료도 10여건이 넘게 존재하고 있음이 확인되었다. 물론 필자의 능력 부족으로 인해 더 많이 존재하고 있음에도 찾지 못하고 있는 것도 있을 것이다.

필자가 현장 안내를 하면서 느낀 아쉬운 것이 몇 가지 있다. 경남을 찾은 방문객은 삼성, LG, 효성 등 세 곳의 지역을 모두 방문하고 싶다

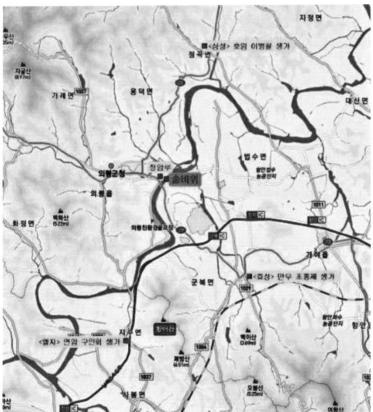

솥바위를 중심으로 사방 20리 이내 대한민국 거부가 태어난다는 전설이 있다. 이를 증명하듯 삼성그룹, LG그룹, 효성그룹 창업주 생가가 솥바위 중심 20리 이내에 모두 있다. 〈경남개발공사〉

는 의견이 많았다. 세 분의 창업주 생가가 있는 진주에서 출발할 때, 함안에서 출발할 때, 의령에서 출발할 때 각각 견학 일정이 다를 수 밖에 없다. 그리고 세 분의 창업주에 대해 비교표나 함께 한 해설이나 안내서가 없어 세 분을 이해하는데 애로사항이 많다고 하였다.

진주 지수에 가면 LG그룹과 지수면 마을 소개만을, 의령에 가면 이병철 생가와 솥바위만을, 의령 군북에 가면 조홍제 생가만 소개하는 안내서가 있다. 이 세 곳에 세 분의 창업주를 동시에 소개하는 안내서 제작도 절실히 필요하다. 더 나아가 영어, 중국어, 일본어로 소개된 안내서도 필요하다. 세 분의 소개를 함께하는 외국어 종합 안내서, 한국어 종합 안내서 이런 것을 만들기 위해서는 세 곳의 지방자치단체가 모여 공동으로 추진하면 좋지 않을까 하는 생각을 가진다.

2) 조홍제의 경남 흔적

조홍제의 생가는 현재 함안군 군북면에 잘 보존되어 있다. 군북에는 조홍제가 1942년부터 1946년까지 일본 경찰의 협박을 벗어나기 위해 직접 경영한 군북산업 주식회사가 있다. 현재 그 위치는 군북면 우체국 앞에 있는 건물로 외부 형태는 잘 보존되어 있다. 폐쇄등기부 증명서와 건물 등기사항을 살펴보면 1979년에 건립한 것이라 사실 증명에 어려움이 있다. 마산상공회의소 출판 연감에 기록된 내용이지만 조금 더 사실관계의 증명을 보완해야 할 건물 터이다.

두 번째는 조홍제의 첫 사업이라고 할 수 있는 1946년 8월부터 1949년까지 경영한 마산 육일공작소 터이다. 공동 경영인의 직계 가족도, 손녀도 생존해 계셔서 비교적 생생한 기억으로 증명된 내용이다. 마산제일여자고등학교 정문앞에서 길게 펼쳐진 도로는 해안까지 연결된다. 당시 부두 앞에 경남연탄, 유원연탄 공장부지가 있었고 그 주변으로 현재는 5층 아파트가 있다. 생존자의 증언에 따른 현장 확인이라 비교적 정확한 내용으로 볼 수 있다.

세 번째는 여러 가지 관련된 자료를 조합해 보면 조홍제가 지수초등학교 운동장과 지수면 시장에서 구인회의 지수팀과 원정축구를 한 사실은 정확하다. 그러나 조홍제가 지수초등학교를 다녔다고 공개된 자료는 없다. 따라서 지수초등학교 운동장에 구인회, 이병철, 조홍제가 졸업 기념으로 심었다고 설명되어 있는 부자 소나무에 대한 기록도 다시 검토가 되어야 할 것이다. 필자가 조사한 자료로는 조홍제의 지수 흔적은 없다. 다만 진주 수곡면 처가댁의 흔적은 아직 남아 있다.

3) 구인회의 경남 흔적

이병철, 조홍제와 달리 구인회 LG그룹 창업주의 경남 흔적이 가장 많이 남아 있다. 구인회의 흔적은 크게 진주 지역과 고향 지수 지역으로 구분이 뚜렷하다. 구인회 회장이 다녔던 지수초등학교는 리모델링되어 원형이 약간은 바뀌었다. 설립 초기의 건물 사진이 잘 보존되어 있어 그나마 다행이다.

구인회가 중앙고등학교를 중퇴하고 고향으로 내려와 고향에서 설립하고 1926년부터 1931년까지 조합장으로 활동한 마을협동조합 터와 장사를 하게 동기 부여를 준 일본인 무라카미가 운영한 상점 터 두 곳이 최근 지수면 편찬위원장을 역임한 허정한 어르신의 현장 안내로 밝혀졌다(2021년 8월 5일). 협동조합 터는 일제강점기 당시 지금의 면사무소와 방앗간 터가 포함된다. 그리고 무라카미 상점은 지수면에서 위치가 좋은 연당 앞 네거리에 있다. 지금의 집 구조는 그 당시의 집은 아니고 중도에 증축, 개축, 신축되어 왔는데 형태는 비슷하다고 말씀하였다.

마을협동조합을 경영하면서 구인회는 동아일보 승산지국장으로 근무하였다. 근무기간에 대해 몇 가지 다른 의견이 있지만 1931년 3월 30일자 동아일보 신문기사에 1931년 10월 24일까지 근무한 인사발령 사고가 실린 동아일보 관계내용 기사를 확보하였다.

다음은 구인회의 진주 흔적이다. 구인회가 진주에서 1931년 7월부터 1932년 12월까지 영업한 첫 번째 포목 가게는 당시 조선식산은행 진주지점 맞은편으로 일제강점기 식산은행 번지를 알고 있어 관계 기관의 협조만 받으면 찾을 수 있을 것이라 확신하고 있다.

구인회의 흔적 중 가장 중요하다고 생각하는 것은 1932년 12월부터 1946년 9월까지 영업을 한 두 번째 포목 가게이다. 구인회 상점의 홍보물이나 명함, 조선기업목록 자료 등을 통해 밝혀진 주소는 진주부 영정 37번지이고, 당시 사용한 전화번호는 236과 263이다.

구인회가 진주로 완전히 이사를 와서 살게 된 진주 상봉동 고택도 중요한 흔적 중 한 곳 이다. 1942~1945년 9월까지 생활하였는데 이 고택에서 구자경 회장이 결혼을 하고 진주중학교를 다녔다. 구본무 LG그룹 3대 회장이 유아기때 잠시 머문 생가가 될 수 있는 집이기도 하다.

구인회와 원준옥이 함께 경영을 한 마루니 진주 화주운송(주) 본점 터는 진주군 진주읍 대정정 208번지로 조사되었다.

4) 이병철의 경남 흔적

이병철의 경남 흔적은 마산과 의령, 진주에 있다. 이병철의 생애 첫 사업장은 1936년부터 1938년까지 경영한 마산 협동정미소이다. 현재 후보 지역으로 몇 곳이 거론되고 있지만 문서로 증명된 것은 없다. 조선식산은행에 대출을 하여 부동산을 구입한 사실이 있어 조선식산은행 자료를 분석해 보면 혹 정미소 터를 알 수 있을 것이라는 희망을 가질 뿐이다.

고향 의령에 가면 이병철의 생가는 상시 개방이 되어 있어 전국에서는 물론 외국에서도 많이 찾아오는 곳이다. 대한민국 최고의 경영인이 태어난 집이라는 선입견을 깨고 대문을 들어서면 편안함과 아늑함을 느낄 정도로 아담하고 소박한 생가가 잘 정비되어 있다.

이병철 생가를 방문하면 반드시 함께 보아야 할 곳이 생가에서 2㎞ 정도 거리에 있는 서당 문산정이다. 이병철이 이곳에서 한문공부를 한 곳이다.

그리고 진주 지수면 승산리에 있는 매형 허순구 생가도 이병철의 흔적을 느낄 수 있는 곳이다. 1922년 3월부터 9월까지 학교를 다니면서 생활한 집이다. 이병철이 다닌 지수초등학교도 인근에 있어 지수면에 가면 이병철의 흔적을 두 군데 볼 수 있다.

5) 허순구와 진주 흔적

일제강점기 진주의 구인회 포목점 부근에 일본인이 최초로 세운 미나카이백화점도 진주 경제사의 흔적으로 기록으로 남겨야 할 중요한 자원이다. 당시 포목점에 자주 놀러간 허병천의 고모 되시는 분은 "미나카이백화점, 구인회상점, 공화상회 가게 위치는 서로 마주 보거나 이웃한 곳에 밀집되어 있었다"고 말씀을 하셨다. 이러한 사실을 뒷받침하는 사진도 존재하고 있다.

구인회가 진주에서 포목점을 시작할 때 자본이 부족하여 동생 구철회에게 함께 하자고 요청하였다. 당시 구철회는 형님보다 2개월 앞서 진주에서 여러 가지 잡화를 취급하는 미니 백화점인 진주 '공화상회'를 운영하고 있었다.

이병철의 매형 허순구는 1920년대 중반 진주 최초의 백화점 '문성당'을 설립하였다. 1930년대 후반까지 경영을 하다가 처남 이병철이 대구에서 삼성상회를 설립하고 사업을 시작하자 진주에서 사업을 정리하고 대구로 이사를 갔다. 당시 문성당백화점 터 역시 구인회 포목점을 중심으로 한 이웃이었다. 생존자의 증언을 토대로 기록은 남겨 놓았지만 문서로 검증은 받지 못하고 있다. 문성당 설립자 허순구의 진주 고택은 당시 이곳에서 생활한 허순구의 차남에 의해 일제강점기 번지를 확보하여 조회한 결과 지금 대안동 파리바게뜨 위치와 일치하고 있다. 지수에는 이병철이 생활한 허순구의 고택 터가 남아있다. 마당 넓이가 700평 정도로 당시 재력이 얼마나 대단한지 추측을 할 수 있다.

2

기억을 기록으로

As a record of memories

1__ 중국 화서촌에서 배운 역발상

필자는 대기업 중국지사장 겸 현지 투자 법인장으로 근무 후 귀국하여, 창원대학교 산학협력단 중점교수 및 인제대학교 중국학부 겸임교수로 근무한 경력이 있다. 그리고 몇 권의 중국 관련 책을 출판하고, 중국어 통역사 자격증을 취득하는 등 중국 관계 일을 많이 하였다. 한·중 수교 이후 중국에 진출한 기업의 현지 책임자였기에 개혁·개방 이후 중국의 변화를 눈으로, 발로, 가슴으로 배웠고 체험하였다. 그래서인지 중국전문가라는 수식어가 늘 따라다닌다. 지금도 중국 관련 전문성을 유지하려고 노력하고 있다.

1) 화서촌의 기적, 오인보 서기를 연구

2013년 2월 5일, 경남 고성군 이학렬 군수와 함께 중국 강소성 강음시 '중국천하제일 농촌 화서촌과 화서그룹'을 방문하였다. 오인보 화서촌 당서기 겸 화서그룹 회장을 직접 만나 대화도 나누었다. 놀라운 사실은 한국의 면 단위에 해당되는 화서촌에 부의 상징이라 할 수 있는 60층 높이의 융희호텔이 있었다. 더 놀라운 사실은 마을을 구경하기 위해서는 입장료를 지불하여야 한다. 한 사람의 삶의 과정 기록과 그 흔적이 한나라를 대표하는 관광지가 될 수 있다는 것도 중국 화서촌을 보고 알았다.

중국 화서촌은 주민이 살고 있는 마을 전체가 관광지이다. 입장료를 내고 마을을 구경할 수 있다. 높은 건물은 화서촌을 상징하는 융희호텔이다. 〈화서그룹〉

이런 전설 같은 이야기를 현실에서 운영하는 화서그룹의 관광 모델을 경남에 적용시킬 수 있을까 고민해 보았다. 2013년 겨울, 창원대학교 산학협력단 중점교수로 상근 근무 중이었던 필자는 경남개발공사 관광사업본부 초대 본부장에 임용되어 이직을 하였다.

2) 경남 기 받기 관광 상품 특징

본부장 취임 후 중국인 관광객 경남 유치를 위해, 경남을 대표하는 상품 개발을 연구하였다. 한국적인 특성을 가장 잘 간직하고 있는 안동 하회마을이나 경주 양동마을 같은 것이 경남에 없는 것이 아쉬웠다.

중국 화서촌 마을에 입장료를 내고 관광을 하듯, 경남 출신의 세계적인 기업가와 대통령이 태어난 마을이나 생가를 보고 기운을 받아가는 관광코스를 구상하였다. 이렇게 하여 구상을 현실로 추진한 것이 일상생활 속에서 부자 기운 받는 것을 기원하는 '경남 기(氣) 받기 관광'이었다.

경남의 기 받기 관광 종류를 3가지로 구분하여 홍보자료를 만들었다.

(1) 재물과 부자의 기를 받는 '공희발재(恭喜發財)' 일정

공희발재로 작명한 것은 중국어로 '꽁시파차이'이다. 중국에서는 새해가 되면 서로 만나 인사를 나누거나 사찰 등을 방문하여 기도할 때 하는 표현으로 두손을 모아 '꽁시파차이, 꽁시파차이' 한다. '돈 많이 벌게 해 주십시오' 또는 '상대방에게 돈 많이 버십시오', '부자되십시오' 하는 덕담의 인사말이다. 이것은 경남 진주 지수의 구인회 회장, 의령 정곡의 이병철 회장, 함안 군북의 조홍제 회장 세 사람의 생가(고택)를 찾아 재물 기운, 부자 기운을 받는 일정이다.

(2) 무병장수를 기원하는 '불로장생(不老長生)' 일정

이는 한 가지 소원을 들어주는 곳으로 유명한 기도처 남해 보리암과 하동 삼성궁, 산청 동의보감촌을 방문하여 무병장수를 기원하는 일정이다.

(3) 학고복(學考福)을 받는 등용문(登龍門) 일정

학고복이란 학복과 고복(시험복)을 합친 것으로 학문을 통해 시험에 합격하여 입신양명하는 것의 표현이다. 각종 시험에 합격하고, 공직이나 기업에 근무하는 자가 진급을 기원하는 기 받기 일정이다.

경남은 전두환, 김영삼, 노무현, 문재인 등 대통령이 네 분이 탄생한 곳이다. 그리고 경남은 만인지상 일인지하의 국무총리가 김석수, 노재봉, 정홍원 등 세 분이나 탄생한 지역이다. 성격이 조금 다르지만 전국 경제인연합회장이 경남에서 네 분이나 배출되었다.

'기를 받아 성공을 한다'는 것은 추상적이지만 뭐든지 본인이 최선

을 다하면 소원성취를 이룬다는 긍정적인 생각을 갖도록 도와주는 것이 기 받기 관광의 주된 취지로 준비하였다.

3) 10년 후를 생각하면

중국 화서촌을 보고 난 후 경남에도 역발상으로 농촌지역인 이 세 곳에 특색 있는 호텔을 설립하자. 그리고 어떤 프로그램을 도입하여야 지속적으로 관광객을 유치할 수 있을까 고민한 적이 있다. 함안 군 북면, 의령 정곡면, 진주 지수면은 비록 섬은 아니지만 일본 나오시마처럼 육지 속에 예술 섬을 도입하면 어떨까 토론을 한 적이 있다. 경남에는 무엇을 보러 올 것인데, 왜 1박을 할 것인가, 하루를 머무를 정도로 가치가 있는가 등 다양한 의견이 나왔지만 대부분이 경쟁력이 약하다는 등 희망보다는 부정적 내용이 많았다.

한때 삼성그룹에서 소장한 미술품에 대해 지역 도시와 군 단위에서 삼성과의 인연과 연고를 내세워 유치하려고 경쟁을 하였다는 보도가 있었다. 필자가 어떤 토론회에서 주장한 것은 함안 출신 세계적인 예술가 이우환의 함안 I 전시장, 의령 II 전시장, 진주 III 전시장을 설립하자는 것이었다. 이우환의 작품 중에는 자연과 함께 하는 설치미술의 특이성이 있어 농촌마을에 새로운 전시를 도입할 수 있을 것이라는 생각이 들었다.

더 나아가 엉뚱한 소리를 들었지만 이 세 곳 전시장을 헬기로 이동하거나 열기구로 이동하는 방법도 제시하였다. 중국 화서촌 모델을 도입하면 어렵지 않은 것 같은데 한국 사회의 현실에서는 쉽지 않은 것은 분명하다. 하지만 역발상이 많아지면 그것은 창의가 되어 더 나은, 더 새로운 변화를 가져오는 것이기에 희망의 끈을 놓지 않고 있다.

4) 작은 농촌도 세계적인 관광지가 된다

'경남'하면 어디에 가고 싶을까?

경남에 거주하는 사람은 타 지역에 살고 있는 지인에게 경남 어디를 추천하고 싶을까?

외국인을 경남에 초청하여 하루, 1박 2일, 2박 3일 동안 안내를 하라고 한다면 어디를 추천하여야 할까?

필자 역시 선택이 쉽지 않다.

경남 도내 시·군의 대표 관광지를 선택한다는 것은 무척 어려운 일이다.

관광에 관한 관점은 10인 10색이 될 수밖에 없다. 도시 관광을 좋아하는 유형, 음식 관광을 중심으로 하는 유형, 문화유산을 관람하는 유형, 체험을 좋아하는 유형, 산과 바다 등 자연경관을 좋아하는 유형 등 각양각색의 여행 유형이 있다. 이런 까닭에 '여행은 생물이다'라는 표현이 틀리지 않은 것 같다.

5) 경남 대표 관광지 어디에, 무엇을

필자가 경남을 대표할 수 있는 관광지를 결정한 배경에는 몇 가지 과정이 있었다. 외국인의 입장에서 귀한 시간을 내어 경남에 여행 온다고 할 때 과연 어디를 갈 것인가 하는 질문을 놓고 대답을 찾아보았다. 경남을 대표하는 관광지 선정 기초자료 내용이다.

첫째는 관광사업본부장을 하면서 몇 번의 설문조사를 한 적이 있다. 수백 명의 중국인을 대상으로 설문조사한 자료의 통계이다. 어디 발표된 것도 없어 공식적인 자료는 아니지만 중국인이 좋아하는 관광지 우선순위를 참고로 하였다.

둘째는 여행사를 운영하면서 공공단체 업무 위탁을 받아 중국인의 경남 방문객을 안내하면서 선호도를 참고로 하였다.

셋째는 여행 회사를 운영, 자체 상품을 만들고 판매하면서 나온 결과 자료도 반영하였다.

끝으로 각종 관광 기관의 통계나 자료를 참고로 하였다.

혹시 이 책을 읽고 독자의 생각과 다르다 하더라도 편견을 가지지 않기를 바란다. 이 책 2부. 2. 역발상 I, 부자 기 받기 관광의 세계화에 경남 대표 관광지를 따로 추천해 놓았다. 이 코스의 결정은 설문조사를 토대로 필자 개인의 의견임을 명시한다. 경남을 인문학, 자연학 관광지로 구분하였다.

6) 경남의 인문학 관광지

경남은 타 지역과 차별화할 수 있는 우수한 인문학적 관광지와 자연학적 관광지 두 가지를 모두 가지고 있다.

필자(좌에서 두번째)는 각종 세미나에 참석하여 경남, 부산, 울산, 경북, 경주와 함께 하는 관광상품을 개발하는 것이 외국인을 유치하는 가장 매력적인 일정이라고 지속적으로 강조해 왔다. 〈이래호〉

먼저 인문학적 관광지로는 경남의 역사 여행이라는 주제를 제시하고자 한다. 5천년의 역사 여행이 가능한 곳이 경남이다. 단군신화의 역사를 만날 수 있는 삼성궁이 하동에 있다. 강화도 마니산 참성단과 함께 하면 스토리가 배가되는 곳이다.

경남에서 가야시대의 역사를 볼 수 있는 함안, 창녕, 고성, 김해 등에 가야 고분군이 있다. 삼국시대 역사를 간직한 곳으로는 한국에서 가람이 가장 아름다운 양산 통도사가 있다. 고려시대의 역사를 품고 있는 곳으로는 해인사 장경판전, 함안의 고려동이 있다. 조선시대 유적으로는 지방 선비들의 토론장이기도 했던 교육 시설과 조선 건축의 미를 볼 수 있는 함양 남계서원과 산청, 함양의 한옥촌 등이 있다. 일제강점기 문화를 볼 수 있는 진해지역과 6·25의 역사를 품고 있는 거제 포로수용소 등은 경남만이 가진 독특한 유산이라 하겠다.

7) 경남의 자연학 관광지

자연학적 관광지로는 바다와 산, 강이 중심이 된다.

경남은 동·남부 끝에 위치하여 서쪽으로는 전라남도 여행, 동북으로는 부산의 해양 도시 여행과 울산의 산업 여행, 그리고 한국을 대표하는 세계적인 관광지 경주의 역사 여행이 가능하다. 남으로는 리아스식 해안 지형과 한려해상국립공원이 있다. 그리고 다도해해상국립공원과도 멀지 않다. 남해안은 바다와 육지가 만나 이색적인 풍경을 만들면서 동시에 음식 문화 관광지까지 생겨났다. 대표적인 자연 환경과 문화 환경이 합쳐서 만들어진 해양문화 관광지로 통영을 추천한다.

경남의 서부지역 관광지는 산과 강을 품고 만들어진 문화 관광이 많이 있다.

지역 문화가 한국을 넘어 세계인의 관심을 갖는 문화 행사로 성장한 것이 진주의 남강유등축제이다. 매년 10월에 남강유등축제를 보러오면 된다. 세계 5대 축제로 선정될 만큼 꼭 한 번은 보아야 할 축제이다. 여행의 일정이 넉넉하다면 한국만의 독특한 여행지로 남해의 다랭이논과 고성 공룡 유적지, 1960년대 한국 경제사의 산 역사를 간직하고 있는 이색마을 '남해 독일마을'을 추천한다.

　해방 후 한국의 도시 모습을 재현한 합천 드라마세트장도 꼭 보아야할 곳이다. 그리고 합천은 운석이 떨어져 마을 전체가 평평한 분지가 되어 있는 '합천 초계 운석 충돌구 분지'를 잘 개발하면 독특함을 찾는 세계 여행객에게 인기가 있을 것 같다.

　아쉬운 게 있다. 한국인의 혼이 있는 산, 지리산이 경남에 있다. 한민족의 기상이 여기서 시작되는 민족정기가 있는 산이다. 중국 화산이나일본 후지산은 가서 보아야 할 매력이 있는 산이다.

　한국을 대표하는 지리산을 외국인에게 보러 가자고 할 차별화된 특징이 솔직하게 없다. 늘 지리산 관광개발이라는 표현만 나오면 한국의알프스라는 이름을 붙이고 케이블카를 설치한다. 산악 트램을 설치하여 많은 사람이 전망을 볼 수 있게 한다는 기획의 반복이었다. 지리산을 어떻게 해야 할까. 관광정책 개발자라면 깊은 고민을 필요로 하는주제어이다.

　그래도 넓지 않은 면적을 가졌지만 경남은 축복받은 지역이다. 남강의 젖줄이 평야를 적셔주어 재물의 넉넉함과 평화로움을 주었다. 그래서인지 세계적인 기업가가 많이 배출되고, 학문의 깊이가 높은 인재가 많이 배출된 곳, 가장 많은 대통령이 태어난 곳 그곳이 바로 경남이다.

2 __ 역발상 I,
부자 기(氣) 받기 관광의 세계화

대한민국 최고의 기업인이 태어난 생가가 있는 곳 경남, 한 가지 소원을 들어준다는 신비로운 곳이 있는 경남, 대한민국 대통령 네 분이 배출된 곳이 모두 경남이다. 이러한 곳을 잘 활용하면 내국인은 물론 외국인의 경남관광 유치에 아주 유익하다는 생각을 가져본다.

1) 부자의 기운을 받는 공희발재 기 받기 코스

대한민국 최고의 기업을 만든 창업주가 태어나고 대한민국 경제의 수장인 전국경제인연합(전경련) 회장이 태어나고 자란 곳이 경남이다. 전경련 설립 초대 이병철 회장을 비롯하여 2세대라 할 수 있는 LG그룹의 구자경, 효성그룹의 조석래, GS그룹의 허창수 회장이 전경련 회장 출신이거나 현재 회장직을 수행하고 있다. 이들 2세대도 모두 유년시절은 진주와 함안에서 성장하고 생활하였다.

창업주 생가는 아직도 건재하다. 세 분 모두 유년시절을 보낸 곳이

기도 하다.

구인회 LG그룹 창업주 생가는 진주시 지수면 승산리에 있다. 비단을 상징하는 조형물이 설치되면 좋겠다는 생각을 가진다. 이병철 삼성그룹 창업주 생가는 의령군 정암면 정곡리에 있다. 첫 사업이 정미소라 쌀과 관련된 조형물을 설치하면 좋겠다. 조홍제 효성그룹 창업주 생가는 함안군 군북면 동창리에 있다. 이곳은 이전에 뽕나무 밭이라 명주실은 효성그룹의 대표기업과 연결되니 실을 조형물로 설치하면 좋지 않을까 하는 생각을 가진다.

이러한 특징을 방문객들이 만져 보면서 혹은 기념 모형물을 소장하면서 기를 받는 행위는 결코 과장된 풍경이 아닌 우리 일상의 모습이라 생각한다. 세 곳 모두 한옥의 풍경을 그대로 간직하고 있다. 재물운을 받는다는 한자 표현이 '공희발재'이다. 대한민국을 대표하는 부자 생가에서 재물 운을 많이 받을 수 있도록 고택의 기를 받는 여행도 새로울 것이다.

중국인들이 경남의 세 가지 기 받기 여행 중 가장 선호도가 높은 여행이 공희발재 기 받기였다.

2) 불로장생을 기원하는 장수 기 받기 코스

경남에는 한 가지 소원을 들어주는 명당 지역이 몇 곳 있다. 각자의 생각에 따라 차이는 있겠지만 한국인에게 널리 인식되어 있는 소원이 이루어지는 곳이다. 그 지역마다 모두 특징이 있는데, 명당으로 경남을 대표하는 지역 세 곳을 정리해 보았다.

필자는 소원이 이루어지는 좋은 터도 중요하지만 그 명당 터를 찾아가는 동안의 마음가짐과 정성, 기도하는 동안 '나는 건강할 거야', '나는 돈을 많이 벌 거야', '나는 시험에 합격할 거야' 등의 긍정적인 생각이 더 중요하다고 생각한다.

한 가지 소원을 들어주는 경남의 기(氣)가 가득 찬 곳, 긍정적인 사고의 기(氣)를 가장 많이 주는 대표적인 곳이 경남의 '남해 보리암'이다. 한국에는 이곳 외에 양양 낙산사, 강화 석모도 보문사, 대구 갓바위, 설악산 봉정암, 기장군 해동용궁사, 구례 사성암, 여수 향일암 등을 한 가지 소원이 이루어지는 대표적인 곳으로 평가한다.

이중 으뜸은 남해 보리암이라 생각한다. 남해 보리암은 비단으로 둘러싸인 금산의 정상에 위치하고 있다. 남해 한려수도를 내려다보는 풍경은 절정이다. 대한민국 낮의 풍경이 가장 아름다운 곳, 일몰 풍경, 일출 풍경, 안개 속 풍경이 가장 아름다운 곳, 비 오는 풍경이 가장 아름다운 곳 등 5관왕의 명성을 가진 곳이다. 고려시대 장수 이성계가 이곳에서 백일기도를 하고 조선 왕조를 건국하였다. 지금도 그 흔적이 보존되어 있다.

산청 동의보감촌은 한국의 전통 의학을 볼 수 있는 귀한 자료와 주제로 구성된 공원이다. 중국 진 시황제가 불로초를 찾아오라고 한 곳의 대상이 되는 지리산의 기가 모여 있는 곳이다. 인체의 기를 직접 느낄 수 있고, 심신의 기를 충전할 수 있다. 가장 맑은 한국적인 공기와 오염되지 않은 자연 풍광을 볼 수 있는 곳이다.

하동 삼성궁은 환인, 환웅, 단군을 모시는 성전으로 가장 이색적인 곳이면서 가장 한국적인 곳이다. 1,500여개 돌탑이 아주 기묘한 풍경을 하고 있다. 삼한시대 때 천신에 제사 지내고 소원을 빌던 곳이 지금도 설치되어 있다. 그리고 이곳에는 마을의 안녕과 풍년을 기원하고 입신양명을 기대하는 의미를 함축한 솟대가 3천여개 있다. 외국인의 한국 평가에 가장 특이한 한국문화 풍속의 대상지로 추천되는 곳이다.

경남을 대표하는 3곳 외에 경남 어느 곳에서나 2시간 이내 거리에 있는 전라북도 진안 마이산과 대구 팔공산 갓바위를 포함하여 '남도 기 받기 관광'으로 일정을 조합하면 한국의 남도 여행을 계획하는 외국인에게 경쟁력이 있을 것이라는 생각을 한다.

3) 시험에 합격하는 등용문 기 받기 코스

입학시험이나 입사 시험을 보게 되면, 우리 부모님은 한결같이 기도를 드린다. 지극 정성이면 하늘도 감동한다고, 그 장소가 집 앞마당 장독대가 되는 경우도 있고, 종교지가 되는 곳도 있다.

대한민국은 건국 이후 대통령제가 시행되면서 현재까지 13명이 배출되었다. 이중 8명이 영남출생이고 그중 4명이 경남이다. 건국 이래 한국에서 가장 많은 대통령을 배출한 지역이다. 11~12대는 합천 출신 전두환 대통령으로 1980~1988년까지 재임하였다. 14대는 거제 출신 김영삼 대통령으로 1993~1998년까지, 16대는 김해 출신 노무현 대통령으로 2003~2008년까지, 19대 문재인 대통령은 거제 출신으로 2017~2022년까지 재임하였다.

특이한 것은 섬마을 거제에서도 2명이 배출되었다. 경남이 등용문 기 받기 지역으로 조금도 손색이 없는 여행방문지라 하겠다.

4) 일생에 한 번은 보아야 할 경남의 세계문화유산

경남에는 전 세계인의 이목을 받고 있는 세계문화유산에 등재된 곳이 3곳이나 있다.

합천 해인사 내 장경판전은 자연의 법칙을 이용, 건물 내부의 습도와 풍향을 조절하는 과학적 기법이 동원된 건축물이다. 이러한 것이 보편적 가치로 인정을 받아 1995년 세계문화유산에 등재되었다. 이곳과 함께 하며 한국의 3대 사찰 중 법보사찰인 해인사도 꼭 봐야 할 한국의 문화유산이다.

양산에는 천년의 세월을 이어온 통도사가 오랜 역사 외에 그 가치를 인정받아 2018년 6월 산사, 한국의 산지 승원이라는 명칭으로 유네스코 세계문화유산에 등재되었다. 약 1500년 된 사찰로, 일반적인 사찰의 대웅전과 달리 금강계단의 정전이 있어 불보사찰이라 한다. 해인사(법보사찰), 송광사(승보사찰)와 더불어 대한민국 3대 사찰 중 한 곳이다.

함양 남계서원은 지역과 교육 시설로 일상생활 속의 성리학과 문화의 전통을 이어가고 있는 한국적인 풍미가 넉넉한 교육, 문화, 역사의 흔적이다. 전국에 산재한 9곳의 서원과 함께 2019년 7월 세계문화유산에 등재되었다. 남계서원은 1543년 한국에서 최초로 건립된 소수서원에 이어 1552년에 지어진 두 번째로 오래된 서원이다.

소수서원은 풍기군수로 있던 주세붕이 지은 것으로, 주세붕은 경남 함안 출신이다. 함안에 가면 주세붕의 흔적이 아직도 남아 있다. 경남에도 유네스코 문화유산 경남협의회 혹은 포럼이라는 단체가 구성되어 과거와 현재의 다리가 되었으면 하는 생각도 가지고 있다.

한국은 현재 13곳이 유네스코 세계문화유산에, 2곳이 세계자연유산에 등재되어 있다.

1995년 한국 최초로 해인사 장경판전, 종묘, 석굴암·불국사 등 3곳이 문화유산에 등재되었다.

1997년 창덕궁과 수원화성이, 2000년에 고창·화순·강화 고인돌 유적과 경주역사유적지구가 등재되었다.

2007년에 제주 화산섬과 용암동굴이 자연문화유산에 지정되었다. 2009년 조선왕릉, 2010년 한국의 역사마을 안동 하회와 경주 양동마을이 지정되었다. 2014년에 남한산성, 2015년 백제역사유적지구, 2018년 산사, 한국의 산지 승원 통도사, 부석사, 봉정사, 법주사, 마곡사, 선암사, 대흥사 7곳이 지정되었다. 2019년 한국의 서원 9곳을 한국의 14번째 유네스코 세계문화유산으로 등재하였다. 소수서원, 남계서원, 옥산서원 도산서원, 필암서원, 도동서원, 병산서원, 무성서원, 돈암서원이다. 2021년에는 한국의 갯벌이 자연문화유산으로 등재되었다.

3 __ 역발상Ⅱ,
경남에 중국인 관광객 800명 유치

경남을 대표하는 관광 홍보 주제는 세 가지의 '기(氣) 받기 관광'이었다. 세계적인 기업인 출신 고택과 마을을 중심으로 한 '공희발재' 부자기 받기 관광, 대통령 탄생 고택과 기념관에서 시험합격, 승진 등 '등용문' 학고복 기 받기 관광, 산청 동의보감촌, 남해 보리암 등 건강과 장수를 기원하는 '불로장생' 무병장수 기 받기 관광이다. 이 상품을 홍보

2014년 11월, 중국 서안시, 정주시 여행사 대표 400여명을 초청하여 창업주 생가 기 받기 코스와 경남의 특별한 관광지 현지 설명회를 하였다. 〈이래호〉

하기 위해 중국 대도시 여행사를 대상으로 현장 설명회를 기획하였다.

1) 기 받기 관광, 중국 서안·정주 현지 설명회

경남개발공사 관광사업본부장 재직 중 2014년 11월 중국 서안과 정주시에서 두 번에 걸쳐 중국 여행사 대표 300여명을 초청하여 경남 관광지 홍보 설명회를 하였다.

2015년 초, 상해 환유여행사에서 4월말 5월초, 1,500여명 규모로 5박 6일간 서울을 비롯 수도권 여행 상품을 출시하였다. 참가할 여행객을 모집한다는 계획을 경상남도 상해 사무소장 김대석 사무관(현 서기관, 경상남도 의회 수석 전문위원)을 통해 알게 되었다. 이 짧은 소식을 듣고 필자는 곧바로 상해로 출장을 갔다. 촉이랄까 감각이 느껴졌기 때문이다. 중국여행사 대표를 만나 6일 여행 중 4일은 서울 등 수도권을 보고, 2일 정도는 경남에 오라고 제안하였다. 경남 곳곳의 여행지를 소개하고, '경남에 오면 이렇게 안내해 주겠다'는 등 경남 유치를 위해 열과 성의를 다하였다.

중국 관광객의 경남 유치에 절대적인 역할을 한 분은 김대석 경상남도 상해 사무소장이다. '열정적' 보다 더 더 열정적인 표현으로 필자는 '미쳤다'는 표현을 가끔 한다. 표현이 부적합 하지만 김대석 소장은 경남을 위한 일에 미쳐 있는 분이었다. 중앙부처에 근무하였다면 대한민국을 위해 미쳤을 것이고 반드시 결과도 만들어 내었을 것이다.

경남 관광상품을 중국 알리바바 전자상거래에 출시하기 위한 필자의 구상을 듣고는 '알리바바 회장 마윈'과의 만남을 주선하기 위해 서신도 보내는 두둑한 배짱도 가진 분이다. 이 지면을 빌어 다시 한 번 감사하다는 인사를 남기고 싶다.

2) 중국인 관광객 800명, 기 받으러 경남에 오다

중국 측 관계자와 코스, 일정 조정 등은 협의가 잘 되었으나 쉽게 해결할 수 없는 문제가 한 가지 있었다. 1,500명이 상해에서 인천까지 항공은 몇 편 나누어 탑승하면 된다. 관광버스는 40대 정도인데 2~3조로 나누어 관광지를 교차 여행하면 충분히 가능하다. 그런데 수도권은 별 문제가 없는데, 경남에서 숙박이 가장 큰 문제였다. 1,500명이 오게 되면 객실 수가 최소한 750개가 필요하다. 경남에 단독으로 그만한 인원을 수용할 만한 시설을 갖춘 숙박시설이 없다. 창원에 있는 호텔 전부 예약하는 것도 무리지만 특급호텔, 1급호텔 분산배치도 가격 때문에 문제가 되었다. 경남 일정은 포기해야만 할 상황이었다. 그렇지 않으면 2~3백명씩 3~4회로 나누어 여행을 해야 하는데, 이 부분은 여행사 입장에서 원가 구성비가 높아져 곤란한 상황이었다. 부산에서 숙박하고 경남을 관광하는 등 여러 가지 대안을 주고받으면서 해결점을 찾았지만 쉽게 해결되지 않았다.

3월 초, 중국 여행사에서 800여명 규모는 경남에서 수용 가능한 지 연락이 왔다. 경남 창녕 부곡에 큰 호텔과 콘도가 많이 있어 이 시설에 분산하여 숙박이 가능하다는 의견을 보냈다. 이렇게 하여 일은 순조롭게 진행되었다. 서울에서 한국여행을 지원하는 관광통역사 30여명이 사전 답사를 하고 동선을 체크하기 위해 경남 방문지역을 다녀갔다. 필자는 통역사에게 2가지 이벤트가 있으니 관광객에게 사전에 잘 설명해 주길 부탁하였다.

3) 경남 1박 2일, 산청, 창녕, 창원을 관광

상해에서 서울로 입국하고 부산에서 상해로 출국하는 5박 6일 일정

중 1박 2일은 경남을 관광하는 일정이다.

첫째날 오전에 산청 동의보감촌에 도착, 한국의 무병장수 즉, 불로장생 기(氣)를 받도록 하고, 오후에는 가장 한국다운 마을

필자는 관광사업본부장 재직 시 기 받기 관광상품을 홍보하여 중국인 관광객 단체 800여명을 유치하였다. 사진은 KNN 인물 포커스에 출연하여 유치 당시의 상황을 설명하고 있는 모습. 〈KNN〉

남사예담촌을 추천하였다. 저녁에는 숙박 시설이 있는 창녕 부곡 하와이로 동선을 잡았다.

둘쨋날 오전, 창원에 있는 '창원의 집'을 견학하면서 한국의 전통 혼례 퍼포먼스를 함께 즐기는 프로그램을 넣었다. 그리고 오후에 부산으로 가서 쇼핑을 한 후 저녁에 출국하는 일정으로 조정하였다.

'중국인 관광객 800여명 경남 유치' 관련 내용이 언론에 보도되자 우리 지역 시, 군에 오도록 몇 곳의 지방자치단체로부터 연락도 받았다. 멀리서 오시는 손님을 관계자나 단체장과 이해관계 때문에 지명도가 낮은 관광지를 중국 관광객에게 추천하지 않는다는 중심을 유지하였다.

800여명의 중국인 관광객을 맞이하기 위한 몇 가지 기준을 관광본부 직원에게 내렸다.

교통 : 관광버스 20대가 이동하니 안전이 최고이다. 대진고속도로 산청나들목 입구부터 교통경찰차가 선도하여 안내하도록 요청하였다. 경상남도 경찰청 교통과의 협조로 고속도로 교통순찰대가 도와주어 작은 교통사고 하나 없었다.

건강 : 해외여행은 물과 음식이 달라 1명이라도 탈이 나면 관광객

전체 여행 일정에 차질이 생긴다. 119구급차를 1대 동행하도록 하여 만일의 사태에 대비하도록 조치했다. 공공기관 협조가 안되면 민간병원 앰뷸런스라도 임차하도록 하였다. 역시 한 명의 환자도 발생하지 않았다.

축하 환영 : 산청군에는 관광객 환영 행사로 나들목 입구부터 동의보감촌까지 중국 국기인 오색홍기를 게양, 감동과 관심이 있는 환영을 해달라고 요청하였다. 주차장에서 환영식 행사장까지는 허기도 산청군수께서 우리 전통 농악대를 동원, 환영 공연을 해주었다. 한국인의 경쾌한 풍물놀이는 중국인에게 색다른 볼거리로 많은 박수를 받았다.

부곡 일정에는 창녕군에 요청하여 사물놀이와 우리 전통 농악 공연을 하기로 협의하였다.

창원시에는 이충수 관광과장이 한국 전통혼례 한마당놀이를 창원시 전통문화를 계승하는 단체 '어처구니'에 의뢰하여 공연하도록 준비하였다. 넉넉하지 못한 공연비 지원에도 공연단원은 성의를 다하였다. 해학이 있고 풍자가 있는 한국 전통혼례를 선보여, 중국인 관광객에게 최고의 박수를 받았다. 그리고 창원의 집 한마당 놀이판에는 중국어 관광통역사뿐 아니라 초등학교 때 람사르 영어통역 경험이 있는 이시원 대학생에게 영어통역 안내를 맡겨, 관광객 속에서 활동하도록 배치하였다.

길이가 13m인 관광버스 20대가 도로변에 늘어서면 약 300m가 된다. 창원시 성산구 반지동 대동아파트 앞 도로에 늘어선 차량만으로도 볼거리가 되어 지나가는 행인마다 사진을 찍는 모습도 눈에 많이 띄었다. '창원의 집'을 가기 위해 수백명이 신호대기 중인 도로 주변에 줄지어 선 풍경을 추억하는 것만으로도 입가에 미소가 번진다. 교통

경찰이 잘 유도하여 아무 런 사고도 없었다. 그때 관계자 한 분 한 분에게 감사하다고 인사는 하였 지만 이 지면을 빌려 다 시 한 번 진심으로 감사 드린다.

중국 관광객들은 부자 기 받기, 무병장수, 등용문 등 생활 속의 풍수 여행에도 많은 관심을 보였다. 〈KNN〉

'창원의 집'을 견학한 후 2시간 정도 자유시간을 주어 지역 경제 활성 화 차원으로 창원 상남동에서 점심식사를 하도록 계획을 하였다. 하지 만 창원에서 쇼핑할 곳이 없어 부득이 부산으로 갈 수밖에 없었다.

가끔씩 오는 단체 여행객을 위해 창원에서 일 년 내내 면세점 운영 도 기업의 입장에서 쉽지 않다. 관광정책 역시 쉽지 않은 분야이다. 필자가 세미나 또는 토론회장에 가면 관광정책은 '살아있는 생물과 같 다'고 표현한다. 여행객에게는 시간, 돈, 분위기가 맞아야 한다. 여기 에 한 가지 더, 마음이 이끌려야 한다. 그래서 매력 있는 관광상품을 개발하여 관심과 이끌림을 받도록 하는 것인데, '부자 기 받기' 상품도 그 과정에 있는 것이다.

4) 역발상 결과 1, 중국 관광객의 인해전술 구매

필자는 산청군과 숙박을 하는 창녕군의 지역경제에 도움이 되도록 두 가지 아이디어를 중국 측에 제안하고, 사전에 협의를 해놓았다. 앞 서 표현한 2가지 이벤트 내용이다.

산청군에는 관광객이 버스에서 내리면 환영식장까지 약 50m 걸어 가게 하였다. 양쪽에는 산청군에서 생산한 화장품, 건강식품 등 여러 제품을 판매하는 임시매장을 설치하도록 요청하였다. 관광객이 임시 상점 사이로 지나가면서 물건을 구매하도록 가이드에게 사전 설명을 해놓았다. 평소 1통 판매도 쉽지 않은 기능성 고가 화장품 20개를 준비하였는데, 1분만에 다 팔렸다. 중국인의 구매력과 인해전술 쇼핑은 5분의 짧은 시간이지만 뒷날 '1천만원 넘게 판매되었다'는 산청군 관광과 직원의 후일담을 들었다.

5) 역발상 결과 2, 중국 관광객의 저녁 식사

중국 관광회사 대표에게 두 번째 제안한 것은 경남에서 첫째날 저녁 식사는 콘도나 호텔식이 아닌, '자유식'을 하도록 요청하였다. 그 이유는 중국인들이 한국의 삼겹살 구이를 좋아하는 것을 알고, 한 끼 정도는 '자유식'으로 식사를 하게 되면 창녕 부곡 식당가에 도움도 될 것 같았기 때문이다. 가이드를 통해 미리 저녁 음식 메뉴에 대한 사전 설명을 하도록 요청하였다.

창녕 부곡에서 농악공연 환영 행사가 끝나고, 자유시간 겸 저녁식사 시간이 되자 부곡 일대 식당이 마비되었다. 친구들과 여행온 팀, 가족간 온 팀, 여행 중 알게 된 팀 등이 삼삼오오 무리를 지어 부곡 일대 일반식당과 삼겹살집을 모두 점령하였다.

어떤 식당에는 좌석이 80여개인데, 손님들로 가득 차 삼겹살 300인분이 금방 동이 났다. 준비한 반찬이 모자라고, 테이블 부탄가스 부족 등 알아듣지 못하는 중국어로 인해 "살다 살다 이런 날은 처음"이라고 하였지만 식당주인의 얼굴에는 만족의 웃음과 싫지 않은 희열의 고충이 가득하였다.

예상하지 못한 손님의 주문에 충분한 서비스를 받지 못하였다는 관광객들의 불만도 있었다. 하지만 중국인 관광객은 "삼겹살을 구워 상추에 올려놓고 된장과 마늘 고추장을 올려 쌈을 만들어 먹는 한국인의 독특한 식사 방법이 신기하고 즐거웠다"는 후일담도 들었다.

이날 산청군 행사는 전국 뉴스로 방송되었다. 부산으로 가는 그들에게 경남의 인상과 좋아하는 음식은 무엇이며 보고 싶은 관광지, 가고 싶은 관광지 등 여러 자료를 수집하였다. 이동하는 차 안에서 지금 당신(중국인 관광객)이 가지고 있는 스마트폰은 어느 나라, 어느 회사 제품인지, 그리고 당신이 쓰는 화장품은 어디 제품인지 물어도 보았다. 기대 이상으로 삼성과 LG를 아는 중국인이 많았다.

이번에는 중국인들이 직접 가보지는 않았지만 삼성, LG, 효성 등 창업주 생가와 고택을 활용한 부자 기 받기 관광상품에 자신감을 가졌다.

관광정책은 한 번 오신 분이 재방문을 하도록 하는 것과, 한 번도 오지 않은 분이 소문을 듣고 매력을 느껴 한번이라도 오도록 하는 것도 중요한 정책중 하나이다.

중국의 "진 시황제가 서복을 시켜 불로장생을 찾으러 온 곳도 이곳 경남이다. 그래서 중국 관광객 여러분은 어제 동의보감촌에서 기(氣)를 받았기에 평균 수명 1년은 더 연장되었다. 다시 한번 왔다 가면 2년이 아닌 3년이 연장된다"고 너스레도 떨었다.

부 록

appendix

1. 창업주 세 분의 일대기 비교표

1) 창업주의 고향

이병철 삼성그룹 창업주	• 출생지역 : 경남 의령군 정곡면(1910년 ~ 1987년) • 가족관계 : 2남 2녀 중 막내 / 자녀 4남 6녀 • 첫 사 업 : 마산(창원) 협동정미소
구인회 LG그룹 창업주	• 출생지역 : 경남 진주시 지수면(1907년 ~ 1969년) • 가족관계 : 6남중 장남 / 자녀 6남 4녀 • 첫 사 업 : 진주 구인회(주단포목)상점
조홍제 효성그룹 창업주	• 출생지역 : 경남 함안군 군북면(1906년 ~ 1984년) • 가족관계 : 2남 2녀 중 장남 / 자녀 3남 2녀 • 첫 사 업 : 마산(창원) 육일공작소

* 효성그룹 조홍제 회장의 사위로는 두 분의 기록만 가지고 있다.
 – 큰 사위 허정호 전 신한병원장
 – 둘째 사위 산청 출신 권병규 전 효성건설 사장

2) 창업주의 관계와 멘토

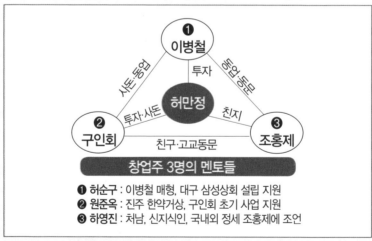

창업주 3명의 멘토들

❶ **허순구** : 이병철 매형, 대구 삼성상회 설립 지원
❷ **원준옥** : 진주 한약거상, 구인회 초기 사업 지원
❸ **하영진** : 처남, 신지식인, 국내외 정세 조홍제에 조언

* 편집자의 주관적인 내용이 포함되어 있습니다.

3) 창업주의 일상

구분	구인회	이병철	조홍제
최초사업장과 현재 위치	진주 구인회상점	마산 협동정미소	마산 육일공작소
	진주 중앙시장 내	북마산역 인근	마산 해양신도시 인근
창업주와 음식	특별한 점심 약속	초밥의 밥알 수	대식선생, 요리사
호(號)	연암(蓮庵)	호암(湖巖)	만우(晩愚)
창업주의 취미	축구 · 유년시절	서예 · 호암체	바둑 · 아마 5단
그룹 작명 배경	락희, 금성, LG	제일, 중앙, 삼성	동성, 효성

4) 구인회와 허만정 가족 관계

구인회 가족 관계	구연호	구인회 조부	1861~1940	만회	홍문관 교리
	구재서	구인회 부	1887~1959	춘강	
	장남 구인회		1907~1969	구인회 자녀 6남 4녀	
	차남 구철회		1909~1975	장남 구자경 1925~2019 3남 구자학 1930~2022	
	3남 구정회		1918~1978	이병철 (차녀 이숙희) 사위	
	4남 구태회		1923~2016	구자경의 장남 구본무 1945~2018	
	5남 구평회		1926~2012		
	6남 구두회		1928~2011		
허만정 가족 관계	허 준	허만정의 부	1844~1932	지신	비서원 승지
	허만정		1897~1952	효주	LG에 투자
	장남 허정구		1911~1999	제일제당 주주	투자와 경영참여
	차남 허학구		1912~1999	1951년 참여	락희공장 건립 때
	3남 허준구	구철회 첫째 사위	1923~2002	1946년 참여	락희화학 설립 때
	4남 허신구		1929~2017	1953년 참여	반도상사 설립 때
	5남 허완구		1936~2017		
	6남 허승효		1944 ~		
	7남 허승표		1946 ~		
	8남 허승조		1950 ~		

5) 창업주와 학교

연도	조홍제(1906년생)	구인회(1907년생)	이병철(1910년생)
1912		남촌정에서 한학공부	
1913	한천재에서 한학공부		
1916	문창재에서 한학공부		문산정에서 한학공부
1919		창강정에서 사서삼경 탐독	*한학공부 회고록 내용과 불일치
1920		결혼 - 진주 지수면 허씨	
1921	2월 결혼 - 진주 수곡면 하씨 3월 생가 앞에 군북보통학교 개교	5월 승산리 지수보통학교 개교 2학년 입학	* 1923년 4월 생가 앞에 의령 정곡공립보통학교 개교
1922	3월 서울 중동학교 초등과 1~3학년 과정 이수	지수보통학교 3학년 재학 * 3~8월 이병철과 6개월 간 동문	3월 지수보통학교 3학년 입학(편입) 9월 서울 수송공립보통학교 전학
1923	3월 서울 협성실업학교 4~6학년 과정 이수	지수보통학교 4학년 재학	수송공립보통학교 2, 3, 4학년(?) * 2학년 전학, 3학년 전학 불일치
1924	4월 조홍제, 구인회 서울 중앙고등보통학교(5년제) 1학년 입학	3월 구인회 지수초 1회 졸업	서울 수송공립보통학교 재학
1925	조홍제, 구인회 서울 중앙고등보통학교 2학년 재학		2월 수송공립보통학교 4년 수료 4월 중동학교 속성과 편입
1926	중앙고등보통학교 3학년 재학 6월 6·10 만세 주모자로 옥고	3월 중앙고보 중퇴, 귀향 지수 승산리 마을협동조합 결성	4월 중동중학교 본과 1학년 입학 12월 결혼 - 대구 달성군 박씨
1927	8월 동맹 휴학 주도 4학년 퇴학 9월 일본 와세다공업전문학교 입학	마을협동조합 대표, 운영	중동중학교 2학년 재학
1928	4월 일본대학 야간 정경과 입학 9월 일본 겸창 중 4학년 편입	1929년부터 지수협동조합이사장	중동중학교 3학년 재학
1929	4월 일본 법정대학 경제학부 독일경제학과 입학	* 1931년 3월~ 10월 : 동아일보 승산지국장(포목점과 겸직?)	중동중학교 4학년 수료 10월 일본 유학감
1930			4월 와세다대학 정경과 입학
1931		7월 진주 식산은행 맞은편 최초 구인회 포목상점 개업	9월 와세다대학 중퇴, 귀국
1935	4월 일본 법정대학 졸업, 귀국		
1936	12월 함안 군북금융조합장 취임	1940년 구인상회(주)로 변경	3월, 마산 협동정미소 개업

6) 창업주 일대기 요약

구 분	구인회(1907년 ~ 1969년)	이병철(1910년 ~ 1987년)	조홍제(1906년 ~ 1984년)
배 경	선비가풍, 개화, 조부: 교리	선비가풍, 부친이 이승만과 교류	선비가풍, 독립운동가, 개화
한 학	창강정, 유년부터 논어, 사서삼경	문산정, 유년부터 논어, 사서삼경	한천재, 유년부터 논어, 사서삼경
결 혼	1920년, 진주 지수면 옆집(허을수)	1926년, 대구 달성군 하빈면(박두을)	1921년 2월, 진주 수곡면(하정옥)
신학문	1921년 지수보통학교2학년 입학	1922년 지수보통학교 3학년 편입	1922년 서울중동학교 초등과 입학
학업과 유 학	1924년~1926년 서울 중앙고등보통학교 2년 수료, 중퇴 1926년 지수마을협동조합 설립 * 1931년 동아일보 승산지국장	1926년 서울 중동중학교 본과 1929년 중동중 중퇴, 일본 유학 1930년 와세다대학 정경과 입학	1924년 서울 중앙고등보통학교 입학 1926년 재학중 6·10 만세 주모 구속 1927, 8월 동맹 휴학 주도 퇴학, 유학 1929~1935년 일본 법정대학 졸업
귀 향	1929년 지수마을협동조합 대표	1931년 9월 중퇴 의령으로 귀향 1931~1935년 고향에서 소일	1936년 군북금융조합장 3년, 3선 1942년 군북산업(주) 인수, 경영
첫 사업	1931년 7월 진주 구인회상점 포목, 비단 등 주단품목	1936년 3월 마산 협동정미소 설립 1936년 8월 운수업, 9월 부동산업	1946년 8월 마산 육일공작소 경영 군북산업이 첫 번째 사업인가?
견 문	1937년 조만물산 투자, 중국견학	1937년 9월 사업정리, 중국견학	1936년 졸업 후 일본 국내 견학
사 업 전 개	1940년 6월 주식회사 구인상회 하신상업 투자 청과, 어물 판매 1944년 화물자동차 경영 1945년 11월 부산 조선흥업사 미군정청 무역업 1호 1946년 1월(?) 허만정 자본투자 허준구 경영참여 만남	1938년 3월 대구 삼성상회 설립 1939년 3월 대구 조선양조 인수 1941년 대구 ㈜삼성상회로 변경 1945년 대구 풍국주정 인수 * 대구 을유회 활동 1947년 5월 서울이사, 조홍제 만남 1948년 11월 서울 삼성물산공사 설립	1942년 8월 군북산업(주) 경영 1948년 11월 이병철과 동업 삼성물산공사 설립 참여 1949년 홍콩에 무역업무 출장 FOB무역 국내최초, 허만정 참여
다양한 기 업 경 영	1947년 럭키크림 생산, 구인상회 매각, 락희화학공업사 설립 1952년 플라스틱 사업 ; 빗, 칫솔, 치약, 비누통 생산 1959년 금성사 설립, 국내 최초 라디오 생산 1960년 금성사 국내 최초 선풍기, 전화기 생산 1964년 락희, 금성사 주력 기업 부산 국제신문 인수 외	1951년 1월 부산에서 삼성물산 주식회사 설립 1953년 8월 부산 제일제당 설립 1954년 9월 대구 제일모직 설립 1963년 2월 동양 TV방송 설립 구인회와 공동경영 1965년 성균관대학교 인수 중앙일보 창간 외 1967년 한국비료 완공	1951년 4월 이병철과 삼성물산(주) 공동경영 1953년 8월 제일제당 설립 1960년 11월 사장 1954년 9월 제일모직 설립 1962년 9월 삼성과 결별, 1957. 2월 설립된 효성물산(주)로 독자사업 * 효성물산 : 1957년 2월 설립 무역회사, 달러배정 참여 1962년 9월 조선제분, 12월 한국 타이어, 63년 9월 대전피혁 경영
변 화	1969년 호남정유(칼텍스) 설립	1969년 삼성전자(주) 설립	1966년 동양나이론 설립, 재계 5위

〈 창업주 가족, 일대기 관련 도움이 되는 내용 〉

1. 나이 어린 숙부(叔父, 삼촌), 나이 많은 조카

   본인의 아버지보다 나이가 많은 아버지 형제를 큰아버지(백부)라고 부른다.

   본인의 아버지보다 나이가 작은 아버지 형제를 작은아버지(숙부)라고 부른다.

   장남이 일찍 결혼을 한 경우 첫 아이가 태어날 때 장남의 막내 동생이 태어나는 경우도 있었다. 즉 조카가 숙부보다 나이가 많은 경우도 있었다.

2. 시어머니와 며느리가 같은 달 출산을 하여 산후조리를 하는 경우도 많았다. 요즘 세대에서는 결혼 연령이 늦어짐에 따라 이런 관계가 쉽게 형성되지 않는 것 같다.

3. 구인회 형제와 자녀의 가족 구성원도 일부는 이러한 현상을 보여주고 있다.

   구양세(구인회 장녀) 1923년 생, 구태회(구인회 셋째 동생) 1923년 생,

   구자경(구인회 장남) 1925년 생, 구평회(구인회 넷째 동생) 1926년 생,

   구두회(구인회 다섯째 동생) 1929년 생이다.

4. 최경희 진주시 문화해설사는 지수면 승산마을 구씨와 허씨 문중에 관심을 가지고 기록을 찾기 위하여 왕성한 활동을 하고 계신 분이다.

   필자의 기록을 보고 허만정의 가족관계중 출생 연도가 현재 발간된 문중 족보와 차이가 있어 알려 주었다. 족보에는 장남 허정구의 출생년도는 1916년으로 되어 있다. 허만정의 차남 허학구의 경우 역시 문중 족보에는 1918년생으로 되어 있다.

   허만정의 4남 허신구도 족보에는 1928년생으로 기록되어 있었다.

5. 주요인물의 일대기 정리도 매우 중요한 내용이다. 필자가 수집한 자료와 족보의 기록과 많은 차이가 나는 것은 앞으로 조사 연구해야 할 과제라고 생각하고 있다.

6. 구인회 동아일보 승산지국장 자료 : 동아일보 1931년(소화 6년) 3월 30일 신문 기사

7. 승산지국장 업무는 1931년 3월 31일~1931년 10월 15일까지 근무, 1931년 7월 진주에서 구인회상점 운영과 3~4개월 중복된다.

8. 이병철의 일본 유학 기간 : 1929년 10월~1931년 9월

   와세다대학 재학 기간 : 1930년 4월~1931년 9월

9. 조홍제의 일본 유학 기간 : 1927년 9월~1935년 4월

   일본 호세이대학 재학 기간 : 1929년 4월~1935년 4월

   이병철과 조홍제가 함께 일본 유학을 갔다는 기록은 사실과 차이가 있다.

10. 이병철의 대구 거주 기간은 회고록을 기준으로 할 때 1938~1947년 이다.

11. 조홍제 효성그룹 회장의 일대기 기록 중 회고록에 누락된 것이 1961년 7월 1일~1967년 2월 23일까지 한국기원 이사장을 역임한 것이다.

    조홍제는 1960년 11월 제일제당 사장에 취임하였다. 1961년 5·16 군사정변 때 한국의 주요 주요 기업인 11명이 마포교도소에 수감되었는데 이때 조홍제도 약 1개월 후 풀려 나왔다.

    그리고 한국기원 이사장직을 맡았다. 조홍제 이사장 후임은 이후락 전 중앙정보부장이다.

12. 구인회 동생 구철회는 구인회상점 시작부터 함께 하였고, 구정회는 1941년 주식회사 구인상회로 확장시 경영에 참가하였다.

13. 락희화학은 1955년 9월 '럭키 치약'을 상표로 등록하였다.

7) 조홍제의 경남 흔적

함안 생가 ⇩	• 함안군 군북면 1906년 ~ 1921년까지 생활 • 서울, 일본 유학 후 귀국, 1936년~1946년 생활
군북산업 주식회사 터 ⇩	• 일본 법정대학 졸업 후 귀국, 고향에서 인수한 사업장 • 가마니, 도정작업, 새끼, 비료 취급 등 농촌 문화업무 • 1942년~1946년까지 경영
마산 육일공작소 터	• 1946년 8월 조홍제가 마산에 최초(?)로 시작한 사업장 • 철 가공업체로 현재 창원 해양 신도시 앞 • 1946년~1949년까지 경영, 공동 경영자 손녀 생존

8) 구인회의 경남 흔적

구인회 생가 ⇩	• 진주시 지수면 승산리, 1907년~1931년까지 생활(서울유학 1924년~1926년), 1931년 진주 구인상회 개업까지 생활 • 생가 내 모춘당 주련은 구씨 가훈. 구자경의 생가
지수초등학교 ⇩	• 1921년 5월 9일 지수공립보통학교 개교, 문해력을 인정받아 2학년(동기생 52명)으로 입학. 1924년 4월, 1회 졸업생
마을협동조합 터 ⇩	• 1926년~1931년까지 마을협동조합, 동아일보 승산지국 등 마을활동 중심 터. 구인회가 '장사의 법'을 체험한 곳
무라카미 상점 터 ⇩	• 1910년대 후반 지수 승산리에 일본인이 개업한 잡화상점, 당시 지수상권을 독점한 일본인이 운영한 상점 터. • 구인회가 1926년 서울 중앙고등보통학교 2학년 중퇴 후 귀향 일본인 독점상권으로 인한 가격 불합리, 불공정에 맞서 마을협 동조합을 설립하게 동기를 준 상점 터
진주 구인회 상점 터 ⇩	• 최초개점 : 1931년 7월~1932년 12월 진주 식산은행 건너 • 이전상점 : 1932년 12월~1946년 9월(50만원 매각), 중앙시장 내 *식산은행 : 진주시 동성동 29번지 * 2호 진주부 영정 37
진주 수정동, 상봉동 고택 ⇩	• 1935년~1941년 사업안정, 진주 수정동으로 이사, 동생들이 진주에서 학교 다님, 구태회 41년 현 진주중·고교 졸업 • 1942년~1945년 9월, 구자경 등 자녀 합류, 상봉동 고택 사진 존재
봉 알자리 ⇩	• 구인회가 진주 상봉동 거주 시, 영업 종료 후, 휴일 등 가마못, 비봉루와 함께 산책을 다닌 대표적인 곳 • 원원옥과 진주 마루니 화주운송 운송회사(대정정 208번지) 공 동경영
사천 다솔사 삼천포 항구	• 구인회가 진주에서 포목점을 하면서 자주 찾아가 주지 최범술을 만나 교류를 한 곳 • 1940년 하신상업(주) 설립, 삼천포 항구에서 생선구입

9) 이병철의 경남 흔적

이병철 생가 ⇩	• 의령군 정곡면 중교리, 1910년 ~ 1921년 • 1922년~1926년 결혼 전까지 생활함, 결혼 후 분가 • 이건희 회장 1942~1945년 분가한 집과 대구에서 생활(?)
문산정 ⇩	• 병철이 1916년 ~ 1921년까지 한문을 공부한 서당, '문산은 조부의 호. 회고록에는 5세(1914년)부터 다님(?)
진주 지수 허순구댁 ⇩	• 이병철 둘째 누나(이분시)가 시집간 지수 매형댁, 6개월 생활 • 1922년 3월 ~ 9월, 3학년 1학기 지수공립보통학교 재학 • 이병철 매형 허순구 : 진주에 최초 문성당백화점을 설립 1927~1941년 진주 거주, 대구로 이사 ㈜삼성상회 합류
마산 협동정미소	• 1936년 이병철 최초 사업장, 북마산역 주변 추측 정미소 외 일출자동차 운수업, 경남부동산 경영도 함 • 1938년, 마산에서 사업을 모두 정리하고 대구로 옮김

10) 창업주가 거주한 도시 및 거주 기간

〈이병철〉

기 간	거주 도시	거주 동기	비 고
1910년 2월~1922년 3월	의령 정곡면	출생 및 유년시절	현재의 이병철 생가
1922년 3월~1922년 9월	진주시 지수면 승산리	지수보통학교 재학	지수면 매형(누님)댁 생활
1922년 9월~1929년 10월	서울 종로 혜화	수송보통학교 재학 중동학교 재학	외가댁
1929년10월~1931년 9월	일본 동경	와세다대학 유학	거주지 자료 부재
1931년 9월~1936년 3월	의령 정곡면	귀국 후 의령에서 생활	결혼 후 분가한 생가 앞 고택
1936년 3월~1938년 3월	마산(현 창원시)	마산 협동정미소 경영	북마산역 인근 추정
1938년 3월~ 1947년 5월	대구시 중구	대구 삼성상회 경영	현재, 대구 중구 고택
1947년 5월 ~	서울	서울에서 사업 추진	종로 혜화동

〈구인회〉

기 간	거주 도시	거주 동기	비 고
1907년 8월~1924년 3월	진주시 지수면 승산리	출생 및 유년시절	현재의 구인회 생가
1924년 4월~1926년 3월	서울	중앙고등보통학교 재학	거주지 자료 부재
1926년 3월~1931년 7월	진주 지수면 승산리	마을협동조합 운영	현재의 구인회 생가
1931년 7월~1935년 3월	진주시	구인회상점 경영	거주지 자료 부재
1935년 3월~1941년 12월	진주시 수정동	구인회상점 경영 일부 가족 합류	진주시 수정동 일본 관사 매입
1942년 1월~1945년 9월	진주시 상봉동	구인회상점 경영 진주 경영인 활동	진주 상봉동 봉 알자리 인접
1945년 9월~	부산 서대신동	조선흥업사 및 락희화학 경영	

〈조홍제〉

기 간	거주 도시	거주 동기	비 고
1906년 5월~1922년 3월	함안군 군북면	출생 및 유년시절	현재의 조홍제 생가
1922년 3월~1927년 8월	서울 종로구	협성실업학교, 중동학교, 중앙고등보통학교 재학	거주지 자료 부재
1927년 9월~1935년 4월	일본 동경	유학 및 일본 법정대학 재학	일본내 단독주택 유학생 사옥
1935년 4월~1946년 7월	함안 군북면	고향에서 군북금융조합, 군북산업 경영	현재의 조홍제 생가
1946년 8월~1948년 11월	서울 종로구 명륜동	육일공작소 경영 및 서울에서 영업 활동으로 두 도시 생활	현재 명륜동에 있는 조홍제 기념관
	창원시 마산 합포구 문화동		1951년까지 소유

1) 세 분의 거주 기간 및 거주 도시, 거주 동기는 세 분의 창업주가 작성한 회고록을 중심으로 편집하였음.
2) 회고록 본문 내용과 회고록 연대기가 일치하지 않는 부분은 별도 표기 하였음.
3) 거주 도시의 이름은 편리상 현재의 행정 지명을 적용하였음.

11) 창업주 세 분과 전국경제인연합회장의 인연

- 이병철 삼성그룹 회장 : 전경련 창립, 초대 회장, 1910년생
- 구자경 LG그룹 회장 : 18대 회장, 1925년생
- 조석래 효성그룹 회장 : 31대 ~ 32대 회장, 1935년생
- 허창수 GS그룹 회장 : 33대 ~ 38대 (현)회장, 1948년생

12) 창업주 세분의 경남신문 연재

경남신문 2021년 7월 2일 ~ 10월 29일, 18회, 삼성그룹 이병철 회장

경남신문 2021년 10월 29일 ~ 2022년 2월 4일, 14회, 효성그룹 조홍제 회장

경남신문 2022년 2월 11일 ~ 2022년 7월 22일, 20회, LG그룹 구인회 회장

2. 구인회 LG그룹 회장, 기록 목차

2. 지수초등학교의 갈림길
    1) LG그룹에 관심 촉구
    2) 진주시청에 관심 촉구
    3) 각 기관의 매입 어려움
    4) 경남개발공사, 진주시청과 LG그룹 중재

3. 지수면 주민단체 매각 보류 진정서 제출
    1) 지수면 각종 사회단체 진정서 제출
    2) 중단할 수 없는 경남 부자 기 받기 상품 개발
    3) 전경련 산하 자유와창의교육원장 의령 방문
    4) 생활속의 토정비결

4. 언론에 나타난 지수초등학교
    1) 1990년대 언론에 보도된 지수초등학교
    2) 2000년대 언론에 보도된 지수초등학교
    3) 2010년대 언론에 보도된 지수초등학교
    4) 필자와 지수초등학교 인연

5. 필자가 구상한 구 지수초등학교 활용
    1) 한국 기업 역사관, 전시관 건립
    2) 도서관, 전시관, 호텔, 공연장 등 복합관 건립

3. 이병철 삼성그룹 회장, 기록 목차

1부. 또 하나의 가족

1회. 일식·양식이 있는 의령
    1) 의령 여행의 시작
    2) 의령 관문에 당당하게 서 있는 솥바위(정암)
    3) 의령에 가면 일식과 양식이 있다
    4) 부자 기 받기의 시작은 의령에서
    5) 의령의 또 다른 풍경 남강

2회. 이병철의 서당 가는 길과 한학 공부
    1) 이병철의 서당 가는 길
    2) 이병철이 한문을 배운 문산정

8회. 대구 삼성상회 건물과 이건희 생가

1) 삼성상회 건물 복원이 되다
2) 국수도시 대구, 서문시장, 풍국면
3) 이병철과 음식이야기 1, 일본요리사의 야단
4) 이병철과 음식이야기 2, 초밥알을 세어보아라

9회. 문학 속의 국수, 문학 속의 마산

1) 문학 속의 국수
2) 백석의 시, 국수
3) 생활 속의 국수
4) 하숙집 배고픔을 국수로 달래다
5) 밀가루 3형제, 장남은 국수
6) 시인 백석

10회. 앞산에 오르니 대구도 작다

1) 대구에서 조선양조장 운영
2) 결심, 더 큰 장사를 하자
3) 왜, 대구에서 시작하였을까
4) 대구에서 삼성상회 설립, 첫 번째 이유
5) 대구에서 삼성상회 설립, 두 번째 이유
6) 대구에서 삼성상회 설립, 세 번째 이유
7) 대구에서 삼성상회 설립, 네 번째 이유
8) 이병철이 만든 사이다, 오렌지 주스

11회. 가자, 서울로

1) 서울에서 삼성물산공사 설립
2) 서울 혜화동에서 조홍제에게 동업을 제안
3) 삼성, 작명의 배경에는
4) 삼성물산공사와 지수거부 허만정
5) 이병철과 허만정의 동업관계
6) 회사 이름의 한자 표기

12회. 부산에서 삼성물산 주식회사 설립

1) 6·25 전쟁과 대구 피란
2) 첫 번째, 3억원의 창업 자금 이야기
3) 두 번째, 3억원의 창업 자금 이야기
4) 세 번째, 3억원의 창업 자금 이야기
5) 부산에서 조홍제와 삼성물산 주식회사 경영
6) 부산 국제시장에 수입 설탕 판매
7) 제조업을 하자, 제일제당 설립

4. 참고자료

단행본

1. 구본무, 『LG50년사』, LG, 1997.
2. 구자경, 『오직 이길밖에 없다』, 행림출판, 1992.
3. 국립진주박물관, 『진주상무사』, ㈜사회평론아카데미, 2017.
4. 금성사35년사편찬위원회, 『금성사 35년사』, 금성사, 1993.
5. 권경자, 『유학, 경영에 답하다』, 원앤원북스, 2010.
6. 강준만, 『이건희시대』, 인물과사상사, 2005.
7. 김병하, 『재벌의 형성과 기업가 활동』, 한국능률협회, 1991.
8. 김영태, 『연암구인회, 비전을 이루려면 I 』, ㈜LG, 2012.
9. 김영태, 『상남구자경, 비전을 이루려면 II 』, ㈜LG, 2012.
10. 김영안, 『삼성처럼 회의하라』, 청년정신, 2004.
11. 김윤정, 『한국 경제의 새벽을 밝힌 민족의 별 조홍제』, 현대출판사, 2007.
12. 김종필, 『소이부답』, 미래엔, 2016.
13. 김정환, 『필묵도정-송천정하건』, 도서출판다운샘, 2014.
14. 김찬웅, 『이병철, 거대한 신화를 꿈꾸다』, 세종미디어, 2010.
15. 김해수, 김진주, 『아버지의 라디오』, 느린걸음, 2007.
16. 김한원외 5인, 『한국경제의 거목들』, 삼우반, 2010.
17. 경상북도청년유도회, 『사서, 대학·논어·맹자·중용』, 디자인판, 2021.
18. 노무현, 『여보 나 좀 도와 줘』, 새터, 2002.
19. 동기이경순전집간행위원회, 『동기 이경순전집』, 자유사상사, 1992.
20. 로보원저·박영종역, 『중국문화에 담긴 중국이야기』, 다락원, 2002.
21. 럭키금성, 『한번 믿으면 모두 맡겨라』, 럭키금성, 1994.
22 럭키40년사편찬위원회, 『럭키40년사』, 럭키금성, 1987.
23. 마크애로슨저·설배환역, 『설탕 세계를 바꾸다』, 검둥소, 2013.
24. 만회기념사업회, 『만회유고 국역본』, 평화당인쇄, 1985.
25. 만우 조홍제 회장 탄신 100주년 기념사업위원회, 『늦되고 어리석을
    지라도』, ㈜에이지 21, 2006.
26. 박시온, 『삼성 이병철처럼』, FKI미디어, 2012.
27. 박상하, 『이병철과의 대화』, 이룸미디어, 2007.
28. 박시온, 『효성 조홍제처럼』, FKI미디어, 2013.
29. 박종세, 『방송, 야구 그리고 나의 삶』, 나우북스, 2004.
30. 박지원, 탁양현 옮김, 『연암 박지원의 열하일기』, 퍼플, 2005
31. 박창희, 『허신구평전』, 부산대학교출판문화원, 2020.
32. 박해림, 『고요 혹은 떨림』, 고요아침, 2004.
33. 스와부고츠저 하동길역, 『마산번창기』, 창원시정연구원, 2021.
34. 상봉동지편찬위원회, 『상봉동지』, 도서출판화인, 2015.
35. 설흔·박현찬, 『연암에게서 글쓰기를 배우다』, 위즈덤하우스, 2007.

36. 소종섭, 『한국을 움직이는 혼맥·금맥』, 시사저널사, 2016.
37. 이건희, 『생각 좀 하며 세상을 보자』, 동아일보사, 1997.
38. 이경윤, 『LG 구인회처럼』, FKI미디어, 2013.
39. 이경식, 『이건희스토리』, 휴먼북스, 2010.
40. 이대환, 『박태준평전』, 아시아, 2016.
41. 이대환, 『세계최고의 철강인 박태준』, ㈜현암사, 2004.
42. 이래호, 『오인보와 화서촌』, 한솜미디어, 2015.
43. 이맹희, 『묻어둔 이야기』, 청산, 1993.
44. 이병철, 『호암자전』, 중앙일보사, 1986.
45. 이병철, 『호암자전』, 나남, 2014.
46. 이병주, 『관부연락선』, 한길사, 2006.
47. 이병주, 『지리산』, 한길사, 2019.
48. 이한구, 『한국재벌형성사』, 비봉출판사, 1999.
49. 이원수, 『이병철 그는 누구인가』, 자유문학사, 1983.
50. 이종환, 『정도』, 관정교육재단, 2008.
51. 이중환 저·이익성 역, 『택리지』, 을유문화사, 1994.
52. 연암기념사업회, 『연암 구인회』, 연암기념사업회, 1979.
53. 야마키 가쓰히코, 『크게 보고 멀리 보라』, 김영사, 2010.
54. 안도현, 『백석평전』, 다산북스, 2014.
55. 유장근, 『마산의 근대사회』, 불휘미디어, 2020.
56. 아시아경제신문, 『창업주 DNA서 찾는다』, ㈜FKI미디어, 2010.
57. 중앙일보사, 『이병철 호암자전』, 중앙일보사, 1986.
58. 중앙일보사, 『재계를 움직이는 사람들』, 중앙일보사, 1996.
59. 진주시, 『진주인물열전』, (더)페이퍼, 2021.
60. 조홍제, 『나의회고-동방명성을 지향하여』, ㈜효성, 2000.
61. 전범성, 『실록소설 이병철』, 서문당, 1985.
62. 전범성, 『조홍제』, 서문당, 1986.
63. 정대율, 『진주』, 경상국립대학교 출판부, 2021.
64. 조동휘, 『갓 쓰고 상도를 걷다』, 매일피앤아이, 2017.
65. 조준상, 『재계의 거목, 호암 이병철』, 소담 출판사, 2007.
66. 조필제, 『사막에 닻을 내리고』, 문지사, 2017.
67. 중앙일보, 『재계를 움직이는 사람들』, 중앙일보사, 1996.
68. 제일모직50년사편찬위원회, 『제일모직 50년사』, 제일모직, 2007.
69. 제일모직10년사편찬위원회, 『제일모직 10년사』, 제일모직, 1967.
70. 최윤경, 『19세기 진주지역 상인조직의 변천과 시장 상인활동』, 진주시, 2017.
71. 최위승, 『최위승회고록 포기는 없다』, 도서출판경남, 2012.
72. 최정미, 『광고로 읽는 한국사회 문화사』, 개마고원, 2004.
73. 최해진, 『경주최부자 500년의 신화』, 뿌리 깊은 나무, 2006.
74. 허권수외, 『함안의 인물과 학문Ⅰ』, 도서출판술이, 2010.

75. 허권수, 『유교문화의 형성과 전개』, 보고사, 2017.
76. 허권수, 『절망의 시대 선비는 무엇을 하는가』, 한길사, 2001.
77. 허권수역, 『중국번 가서』, 도서출판술이, 2005.
78. 허병천·허병하, 『서봉(허순구) 국악보』, 민속원, 2013.
79. 허완구, 『지신정 허준 유고첩』, 예옥출판사, 2008.
80. 허영만, 『만화 꼴』, 위즈덤하우스, 2009.
81. 허정도, 『도시의 얼굴들』, 지앤유, 2018.
82. 하야시히로시게·김성호역, 『미나카이 백화점』, 논형, 2007.
83. 하정욱, 『듣다, 상상하다, 금성라디오 A-501 연구』, 대한민국역사박물관, 2020.
84. 호암재단, 『기업은 사람이다』, 을지서적, 1998.
85. 효성그룹창업주 만우 조홍제 회장 추모위원회, 『여보게 조금 늦으면 어떤가』, ㈜북 21, 2003.
86. 황준헌저·김승일역, 『조선책략』, 범우사, 2016.
87. 홍화상, 『이병철 경영대전』, 바다출판사, 2004.
88. 황경규, 『스토리오브 진주』, 사람과나무, 2020.
89. LG50년사편찬위원회, 『LG50년사』, LG, 1997.
90. LG화학50년사편찬위원회, 『LG화학 50년사』, LG화학, 1997.

언론사

1. 국제신문 www.kookje.co.kr
2. 경남신문 www.kmmews.co.kr
3. 경남일보 www.gnnews.co.kr
4. 경남도민일보 www.idomin.com
5. 동아일보 www.donga.com
6. 매일경제 www.mk.co.kr
7. 부산일보 www.busan.com
8. 서울신문 www.seoul.co.kr
9. 세계일보 www.segye.com
10. 연합뉴스 www.yna.co.kr
11. 월간조선 monthly.chosun.com
12. 중앙일보 www.joongang.co.kr
13. 조선일보 www.chosun.com
14. 헤럴드경제 biz.heraldcorp.com
15. JTBC jtbc.co.kr
16. KBS www.kbs.co.kr
17. MBC www.imbc.com

인터넷 검색

1. 국가기록원 www.archives.go.kr
2. 경남문화원 gnculture.gnu.ac.kr
3. 경상대학교남명학연구소 nammyung.gnu.ac.kr
4. 대구중구청 www.jung.daegu.kr
5. 대한상공회의소 www.korcham.net
6. 한민국역사박물관 www.much.qo.kr
7. 마산문화원 masan.kccf.or.kr
8. 부산대한국민족연구소 pncc.pusan.ac.kr
9. 벽산그룹 www.byucksan.com
10. 성균관대학교 www.skku.edu
11. 삼성생명 www.samsunglife.com
12. 삼성전자 www.samsung.com
13. 삼양통상 www.samyangts.com
14. 삼성문화재단 www.samsungfoundation.org
15. 삼성물산 www.samsungcnt.com
16. 서울중앙고등학교 choongang.sen.hs.kr
17. 의령군청 www.uiryeong.go.kr
18. 의령군정곡면사무소 www.uiryeong.go.kr
19. 의령정곡초등학교 jeonggok-p.gne.go.kr
20. 이병주문학관 www.narim.or.kr
21. 영남대학교 www.yu.ac.kr
22. 일본와세다대학 www.waseda.jp
23. 일본법정대학(호세이) www.hosei.ac.jp
24. 전국경제인연합회 www.fki.or.kr
25. 진주개천예술제 www.gaecheonart.com
26. 진주상공회의소 jinju.korcham.net
27. 진주시청 www.jinju.go.kr
28. 진주지수면사무소 www.jinju.go.kr
29. 진주지수초등학교 jisu-p.gne.go.kr
30. 진주중학교 jinju-m.gne.go.kr
31. 진주고등학교 jinju-h.gne.go.kr
32. 진주교육대학교 www.cue.ac.kr
33. 창원상공회의소 changwoncci.korcham.net
34. 코레일한국철도공사 info.korail.com
35. 풍국면 www.poongkukmeyon.co.kr
36. 호암재단 www.hoamfoundation.org
37. 효성그룹 www.hyosung.co.kr
38. 한국기원 www.baduk.or.kr

39. 한국역사정보통합시스템 www.koreanhistory.or.kr
40. 한국역대인물종합정보시스템 people.aks.ac.kr
41. 한국은행 www.bok.or.kr
42. 한국타이어 www.hankooktire.com
43. 한국학자료센터 kostma.aks.ac.kr
44. 한국학중앙연구원 www.aks.ac.kr
45. 함안군청 www.haman.go.kr
46. 함안군군북면사무소 www.haman.go.kr
47. 함안군북초등학교 gunbuk-p.gne.go.kr
48. CJ제일제당 www.cj.co.kr
49. GS그룹 www.gs.co.kr
50. LG그룹 www.lg.co.kr
51. LG공익재단 foundation.lg.or.kr
52. LG경제연구원 www.lgeri.com
53. LG생활건간 www.lghnh.com
54. LX인터내셔널 (LG상사) www.lgicorp.com
55. LG화학 www.lgchem.com

논문

1. 김영주, 「만회 구연호의 생애와 문학」, 남명학연구소, 2017.
2. 강정화, 「승산마을 허씨가의 의장과 그 활동」, 남명학연구소 , 2017.
3. 박용국, 「진주 승산리의 역사변천」, 남명학연구소, 2017.
4. 박유영, 「한국재벌의 성장 발전요인에 관한 연구」, 한국경영사학회 16권, 1997.
5. 손용석, 「LG그룹 구인회 창업 회장의 기업가정신과 기업 경영」, 국제·경영 연구 15집, 2009년.
6. 이동복, 「서봉 허순구 국악보 해제」, 민속원, 2013.
7. 이숙희, 「서봉 허순구의 생애와 풍류」, 한국정가진흥회 학술회의, 2013.
8. 유병육, 「LG그룹의 한국경영사학에서의 위치」, 한국경영사학회, 2000.
9. 양정원, 「귀속재산불하를 통한 1950년대 한국산업자본가의 형성에 관한 연구」, 이화여자대학교대학원, 1996.
10. 이민재·김명숙·정진섭, 「기업가 정신과 공유가치 창출에 관한 사례연구」, 한국전문경영인학회 제19권 제2호, 2016.
11. 윤호진, 「서천 조정규의 삶과 시세계」, 함안군, 2005.
12. 오두환, 「삼성재벌의 형성 및 구조에 관한 연구(1945~1960)」, 인하대학교 경제학과 석사논문, 1989.
13. 원창애, 「승산마을 능성구씨 문중의 인물과 전개」, 남명학연구소, 2017.
14. 허권수, 「승산리 김해허씨 문중의 인물」, 남명학연구소, 2017.
15. 허권수, 「함안의 인물과 학문적 전통」, 함안군, 2005.

16. 한국경영사학회, 「연암구인회와 상남 구자경이 생애와 경영이념」, 경영사학 제15집 제1호 통권 22호 2000.5.31.

기타

1. 진주시정 촉석루 2022년 7월호
2. 경상남도 경남 공감 2022년 9월호
3. 의령군지, 함안군지, 진양지
4. 해석 논어, 동문선습, 천자문, 백가성
5. 인터넷 조선기업요람
6. 김해허씨 승산 대종중 문헌
7. 대한상공회의소 전국 주요 기업체 명감
8. 월간조선 1984년 3월호
9. 월간조선 2002년 2월호
10. 의령문화원 우리 고장 땅이름 2002
11. 지수초등학교 동창회 방어산
12. 진양지
13. 중외일보
14. 허정구, 허학구 편저. 효주가장(曉州家狀). 2010년 발행.

5. 후기

1) 아목

2020년 1월부터 시작된 코로나19로 인해 작은 법인을 운영하는 필자는 할 수 있는 것이 없었다. 약 3년간 독서와 기록, 일상의 쳇바퀴에서 이탈하지 못하였다.

부끄러운 작은 결실이 몇 개 있다.

중국어 고급과정을 획득하고 정부 기관에서 발행하는 관광통역안내사 자격증을 취득하였다.

가족은 필자를 '지하철 시인'이라고 부른다. '나 때는 말이야, 지하철은' 제목의 시가 공모작에 당선되어 1호선 청량리역, 2호선 홍대 입구, 4호선 서울역, 5호선 동대문 역사문화공원역, 8호선 강동구청역 승강장 5곳에 지난 2년간 게시되었다.

독서를 통해 역사학자 박병선을 알고, 사서의 매력에 빠져 전문 교육기관에서 6개월간 공부를 하였다. 책과 기록의 중요성을 알게 된 소중한 결실 중 하나이다.

2) 도기

언론 매체 속에 이병철, 구인회, 조홍제 세 분의 창업주에 관한 뉴스가 있었는데, 그 내용에 의문이 생겼다.

2014년, 세 분의 창업주 고택을 활용한 재물 기운을 주는 '부자 기(氣) 받기'를 관광

상품으로 기획하여 중국 서안과 정주시에 홍보한 경험이 있어 접근이 쉽게 되었다. 창업주 세 분과 관련된 각종 관계 자료를 펼쳐보니 언론과 인터넷에 알려진 내용과 차이점이 있었다.

작은 호기심으로 시작된 관심이 이렇게 일을 크게 벌여 놓을 줄이야 미처 몰랐다. '기억을 기록으로, 흔적을 유산으로' 거창하게 과제를 선정하고 기록물을, 증언자를, 흔적을 찾기 위해 경남 곳곳은 물론 전국을 다녔다.

3) 개공

원고지 2,000매 분량을 정리하여 창원에 본사가 있는 경남신문에 2021년 7월부터 2022년 7월까지 총 54편을 연재하였다. 이병철 18회, 조홍제 14회, 구인회 20회, 후기 2편으로 매주 금요일 한 개 지면을 배정받아 1년간 연재하였다. "대단하다, 수고 많았다, 좋은 일 하였다, 정말 뜻있는 연구를 하였다"는 지인의 격려와 인사말을 들었다.

2022년 3월, 진주에 있는 구 지수초등학교는 중소벤처진흥공단에서 리모델링하여 K-기업가정신센터로 거듭났다. 센터에서 실시하는 기업가 정신 강의에 20회 이상 초대되어 창업주 세 분에 대한 삶을 기록에 근거하여 강의를 하였다.

4) 경감

지면을 빌려 "감사합니다", "고맙습니다"로 인사를 드려야 할 분이 있다.

허권수 전 경상국립대학교 한문학과 교수님께서는 필자의 기록 작업에 관련된 생존하고 계시는 많은 분들을 소개하여 주셨다. 이병철 생가의 주련 23개의 해석 구명까지 세세하게 해 주셨다.

안병석 세무사님은 가지고 있는 기록을 많은 분들이 읽을 수 있도록 출판의 동기를 만들어 주셨다.

많은 분들이 육성 증언, 자료 제공, 현장 설명 등을 도와주셨다. 그분들이 한 줄 한 줄 알려준 자료가 모여 이 책이 되었다. 100명이 넘어 지면의 부족으로 이름을 남기지 못함에 양해를 구하고자 한다.

그러나 지면을 초월하는 감사 인사를 기록으로 남기고 싶은 한 분이 계신다.

이병철 회장 매형인 허순구의 차남 허병천님 이시다. 참 많은 내용을 알려 주셨고 자료도 보내주셨다. 필자는 허순구의 진주 고택이자 허병천의 진주 생가를 찾아드렸다. 고향 진주에 한 번 들러주시길 말씀드렸다. 구순에 가까운 연세라 건강상 오지 못한다 하시니 너무 아쉽다. 원로 하신 아버지를 대신해 도움을 주신 허병천의 장남 허창영 님에게도 감사하다는 인사를 남긴다.

5) 가조

신문 연재에 사용된 몇몇 사진에 등장하는 여성이 있다. 아내이다.

기록을 위하여 흔적을 찾아다닐 때 동행하였다.

신문기자 출신으로 연재하려는 글의 방향을 잘 정리해 주었다.

연재물 중 일부는 50년이 지난 오래된 이야기라 글의 내용에 맞는 사진 구하기가 무척 힘이 들었다. 그래픽으로 처리한 것이 몇 건 있다. 변호사로 일하는 딸이 신문 연재 내용에 맞게 삽화 초안을 그려 주었다.

기록과 흔적을 찾아다니는 동안 가정에 너무 소홀하였다.

'임자·딸, 고맙소' 6자를 남기고 싶다.

6) 용조

앞으로 이 책은 창업주 세 분에 대해 연구하려는 이에게 잘 활용되었으면 좋겠다. 그런 이유로 연, 월 등 기록을 세세하게 남겼다.

세 분의 창업주를 같은 공간, 같은 시간의 한 영역에 넣어 기록을 정리하려고 하니 어려움이 많았다. 그래서 작은 제목으로 구분하였고 내용은 연결되게 구성되어 조금은 혼란스러움도 있다.

창업주와 관련된 현장을 찾아다니면서 수집한 자료와 생존하고 계시는 분의 기억을 바탕으로 기록한 것이기에 신뢰성은 높다고 스스로 생각하고 있다.

7) 용서

신문에 연재된 후 오류를 찾아 수정한 내용도 있다. 누군가 이 책을 읽고 필자의 해석과 사실 관계의 오류가 나오면 바로 잡아주었으면 한다. 혹은 독자가 알고 있는 기록과 자료가 있다면 더 보완되기를 기대하고 있다.

세 분의 창업주 기록을 한권으로 묶으니 분량이 많고, 책의 차례도 나이 순서, 기업과 이름의 가나다 순서, 기업규모 순서 등 어떻게 할지 고민도 있었다.

결국 3권으로 분리하였는데 각각 한권의 책이 되기까지 분량이 문제였다. 본문 1부에 필자와 연결되는 이야기 첨가, 2부는 필자도 관련 있는 지수초등학교, 솥바위, 기 받기 관광상품 내용을 첨가하여 분량을 늘렸다. 부끄러움을 가지고 있다. 마음으로 죄송함도 가지고 있다.

8) 맺음

2020년 2월, 코로나로 인해 사회가 혼란이 시작되었다. 3년이 지난 2023년 2월, 코로나도 진정되고 사회도 사람도 안정이 되어가고 있다.

부자 기 받기, 창업주 이야기도 2020년 2월에 시작하여 2023년 2월에 출판이 되었으니 3년이 소요되었다. 이 졸저가 나오기까지 필자의 하루는 29시였다. 하루가 짧아서 잠자는 5시간도 꿈속에서 자료를 정리하고 기록을 하였다.

이 책은 탈고하지 못한 기록이자 자료이다. 독자의 비판과 아울러 새로운 기록과 자료를 기다리며 erhoo@hanmail.net를 남긴다.